中国文化与大学英语教育融合探究

张 丽◎著

图书在版编目（CIP）数据

中国文化与大学英语教育融合探究 / 张丽著. — 长
春：吉林出版集团股份有限公司，2024.3
ISBN 978-7-5731-4697-7

Ⅰ．①中… Ⅱ．①张… Ⅲ．①英语－教学研究－高等
学校 Ⅳ．①H319.3

中国国家版本馆 CIP 数据核字（2024）第 060390 号

中国文化与大学英语教育融合探究

ZHONGGUO WENHUA YU DAXUE YINGYU JIAOYU RONGHE TANJIU

著　　者	张　丽
责任编辑	曲珊珊　赵利娟
封面设计	林　吉
开　　本	710mm×1000mm　　1/16
字　　数	174 千
印　　张	13
版　　次	2024 年 3 月第 1 版
印　　次	2024 年 3 月第 1 次印刷
出版发行	吉林出版集团股份有限公司
电　　话	总编办：010-63109269
	发行部：010-63109269
印　　刷	廊坊市广阳区九洲印刷厂

ISBN 978-7-5731-4697-7　　　　　　　　　　　　定价：78.00 元

前　言

中国文化博大精深，任何人穷其毕生精力，也很难完全精通全部典籍，所以，几乎不可能由一位教师从头到尾讲授本教材所选全部典籍。考虑到这一实际情况，我们采取设专题的方式，每位授课教师可以根据自己所长，挑选若干专题来讲授，学生也可根据自己的兴趣和爱好，有选择地听不同的专题课，如此才能符合教学安排及教师授课实际情况，也才能达到深入浅出的效果。

英语是世界上使用最广泛的语言，也是一门语言实践课，学生需要积极参与和反复实践才能达到熟练的境界。作为英语教师，要打破传统的课堂教学模式，把学生看成能动的主体，促进学生在整个教学过程中主动参与、全员参与，最大限度地发挥学生的自主性、能动性和创造性。

《大学英语教学指南（2020 版）》中明确规定要把培养学生的跨文化能力作为大学英语教育的能力目标之一。在媒体融合背景下，大学英语教师应从教与学两方面改进教学策略，进一步凸显教师的主导地位与学生的主体地位，充分认识融合中国文化的优势，评估学习者的水平与能力层次，发挥融合中国文化在调动学生兴趣和主动性上的正向作用，提高学生的学习效率。

笔者在撰写本书的过程中，得到了许多专家学者的帮助和指导，在此表示诚挚的谢意。由于笔者水平有限，加之时间仓促，书中难免有疏漏之处，希望各位读者多提宝贵意见，以便笔者进一步修改，使之更加完善。

张丽

2024 年 1 月

目　录

第一章 大学英语教学的时代背景

第一节 英语的全球化与本土化

在经济全球化的大环境下，全球经济多元化趋势日益显著，人们用来交际的语言也越来越显示出全球化特征，尤其是使用范围最广的英语，"世界英语""国际英语"和"全球英语"等新的概念应运而生。这些概念之间的关系、差异，以及对英语教学的启示已成为中国学者和教育工作者研究的首要问题。另外，想要真正融入一个国家，英语也必须与当地的语言和文化有机融合。换言之，必须实现英语的本土化。

本章主要论述英语的全球化及本土化的一些相关概念和理论，同时对英语全球化背景下中国英语面临的问题进行科学的分析和反思。

一、英语的全球化

在世界众多语言中，使用人数最多的是汉语，而使用范围最广泛的是英语。在经济全球化的背景下，英语作为世界通用语言，已渗透到国际交流与合作的各个领域，受到了广泛关注，许多学者探讨了英语的普遍性，即通用性。

在众多翻译学家的研究中，影响力较大的有托兰（Toolan）提出的"Global English"，威道森（Widowson）和莫迪亚诺（Modiano）提出的"English as an international language"。另外，瓦纳采（Wanace）也不断对英语的通用性进行研究，并创造出"Literate English"。这些研究充分反映了经济全球化语境下英语的普遍性，即通用性。经济的发展和科学技术的进步为信息技术的发展奠定了基础。20世纪后期，互联网在世界范围内的广泛应用使人们进入了网络时代。在这种背景下，人们的生活、工作和学习极大程度地受到信息技术和全球化的影响，人们对世界的认知方式发生了变化，社会文化结构及内容甚至是发展模式也均发生了不容忽视的变化，这些为文化价值观和社会经济结构提供了沟通和交流的平台。

在全球化的趋势下，英语逐渐演变成一种国际语言，被广泛地应用于各个领域，成为人们学习不同语言和文化的重要工具。甚至有些学者认为，英语将成为跨文化和跨语言交际的桥梁和纽带。从本质上说，英语全球化发展是英语的一种趋同趋势，一种语言的扩展和延伸现象。

为了了解英语的全球化，不同时期的人们对此有不同的看法。总体上说，对于英语全球化的认识可划分为以下两个阶段：

第一阶段为20世纪90年代以前，在这一时期，人们对英语全球化的认识存在两大观点，这两大观点是截然相反的。

一种观点是赞扬派，另一种观点是批评派。赞扬派的代表学者为克里斯特尔、科兰和麦克尼尔等，他们充分地肯定了英语的民主性及实用性，影响了一些社会上的重要人物，这些重要人物对英语的使用加速了英语全球化的步伐。批评派的主要代表人物帕尼库克和菲利普森则认为，英语全球化背后隐藏的真相是西方霸权主义和强权政治的蔓延与渗透，英语全球化趋势必将导致文化、经济、政治不平等的加剧。

第二阶段为20世纪90年代末，在这一时期，无论是赞美还是批判，都已经不再占据主导地位，取而代之的是折中的态度和观点。无论是翻译学家还是各领域的学者，都已经开始客观、辩证地对英语全球化进行剖析。

在这个阶段，最具影响力的是帕尼库克。帕尼库克认为，想要正确认识英语全球化的问题，不能简单地用"好"或者"坏"来评价，英语全球化的内涵及意义远远超越"好"和"坏"这两个字。只有从现实的角度予以分析和解释，才能科学地阐释英语全球化的内涵及意义。在这一阶段，国际研究者不断对英语全球化进行分析研究，指出英语的全球化主要受两种力量的推进：一是以向心为主的趋同力量，二是以异心为主的变异力量，这两种力量相互制衡，共同推进英语全球化的发展。趋同力量的极端后果将使英语成为世界语言的核心，甚至形成核心规范，语言与文化之间的差异和隔阂也会随之逐渐缩小，甚至彻底消亡；变异力量的极端后果会加剧英语语言的本土化，使英语融入地方特色，形成一种英语和本民族语言之间的语言变体，甚至会形成独立的语言。事实上，在英语全球化的过程中，趋同力量和变异力量是旗鼓相当的，英语语言并不会完全沿固定的某一种力量一直发展下去。但是，不容忽视的是，英语全球化的发展的确对英语产生了深远的影响，这种影响最直接的结果就是在国际英语逐渐形成的过程中，产生了各种各样的新变体，使英语的本族语言和文化受到严峻的挑战，再加上英语与本族文化逐渐脱离，最终导致语言的单一性规范逐渐被多元标准所替代。

（一）英语全球化的角色认知

当下，许多报纸、杂志、新闻、广播、媒体及网络中都频繁出现"世界英语""国际英语"及"全球英语"等词语和概念，这些词语和概念无疑都是英语全球化的代名词。这些词语和概念的频繁使用在很大程度上促进了英语全球化发展的进程。事实上，上述三个概念之间既有差异也有联系，本节将对这三个概念分别进行论述。

在上述三个概念中，"世界英语"是使用频率最高的一个概念，它诞生于20世纪20年代，是所有英语和英语语言变体的总称。对于"世界英语"这一概念，学者们纷纷阐释了各自的观点，在众多学者中，最具代表性的、影响力最大的是英国语言学家汤姆·麦克阿瑟 (Tom McArthur)。麦克阿瑟指出，"世界英语"的内涵共有两个层面：一是英语作为世界通用语言的简称。二是英语变体的总称，如英国英语、美国英语、爱尔兰英语等。[①] "世界英语"涉及的面十分广泛，涵盖英语的各个领域。20世纪80年代，在世界经济快速发展的推动下，"世界英语"受到了广泛的关注和重视，研究这一概念的学者和期刊应运而生，最具有代表性及影响力的是卡齐鲁和思米主编的《世界英语》。英语的复数形式在杂志中的运用充分体现了世界英语的内涵，即世界英语实质上是英语各种变体以及人们在不同文化和语言背景下使用的所有英语。随着文化多元化的发展，20世纪90年代，特别是21世纪，"世界英语"的研究十分火热。在这个阶段，一些关于"世界英语"的全新诠释纷纷诞生，这些"世界英语"研究结果的新生儿使"世界英语"的内涵更加丰富和完善。

"国际英语"这一概念的提出晚于"世界英语"，诞生于20世纪30年代。随着研究的深入和相关书籍的出版，"国际英语"的概念在英语教学中得到了广泛的关注和传播。众所周知，英语可以作为国际语言教学，也可以作为外语教学，还可以作为第二语言教学。"国际英语"概念的研究与应用使国际语言教学、外语教学和第二语言教学形成了对比性分析和研究。国际语言教学，顾名思义就是语言教学与应用语言学的结合。它的目的是教来自不同国家和地区的人进行交流——正确地用英语交流，不仅包括来自美洲的美国人、来自欧洲

---

① 王腊宝：《世界英语文学的大洋洲谱系》，《中国比较文学》2023年第1期。

的英国人，还包括来自亚洲的中国人和日本人。通过国际语言的教学，这些来自不同国家和地区的人可以克服语言障碍，使得彼此之间的沟通变得更加顺畅，通过相互交流与合作，促进各国文化的传播和经济的发展。

英语国际语言教学与外语教学、第二语言教学不同，它需要以英语为母语的人在国际交流的大环境中，与那些以英语以外的其他语言为母语的人共同切磋和研究，共同学习和讨论，才能实现良好的交际效果。由英国国际语言教学的学习者是所有学习英语的人，而这些学习者又来自五大洲不同的国家，因此，所有的语言及语言环境中都会存在不同的说话方式、思维方式、话语模式。这些不同的方式和模式会对进行交际的双方产生极大的影响，从而使得用同一语言进行交流的交际效果也受到极大的影响。换言之，人们进行交流和沟通时，需要相互合作、相互调整。只有这样，人们才能取得良好的交际效果，实现良好的沟通和交流。从上述观点来看，英语作为一种国际通用语言，在许多国家的各个领域，尤其是在语言教学中，都被广泛应用。

在"世界英语"和"国际英语"之后出现的是"全球英语"这一概念。随着经济的发展，20 世纪 90 年代中期，"全球"这一概念席卷而来，渗透到社会的各个领域。出现频率较高的概念有"全球化""地球村""全球网络""全球经济""全球气候变暖"等。随着人们对英语理解的加深，"全球英语"的概念应运而生。所谓"全球英语"，是指英语在全世界范围内的使用，这与社会经济全球化密不可分。

简言之，这三个概念在应用背景、应用方法和侧重点等层面是存在一定差异的，但这三个概念又有着相同之处。换言之，从广义的角度来看，这三个概念是可以作为同义词使用的。鉴于此，本书在论述的过程中，用"全球英语"一词概括这三个概念。除此之外，英语的全球化也指英语在全球化进程中产生的一系列相关问题。

（二）影响英语全球化的因素

1. 英语的包容性和渗透性

英语这门语言自身所具有的包容性和渗透性，是英语全球化的根本原因。英语是世界通用的语言，它具有其他语言没有的优势和特点：首先，英语有丰富的词汇和短语，容易表达和掌握。其次，与其他语言相比，英语在使用过程中借词（外来词）的使用频率较高，这一点充分体现了英语具有较强的包容性和渗透性，它能够积极、广泛地汲取其他语言的优势，而且在吸收的同时能够不断进行创新，便于学习者学习、掌握和使用。英语自身具备的这些独特的特性使英语成为一种能够广泛接受和学习的语言。

2. 英语的适应性和灵活性

当前，学者们对"全球化"的定义具有不同的阐释，但无论其阐释如何变化，可以确定的是，在"全球化"趋势下，世界各国的交流和合作日益频繁，各国在文化、经济、政治等领域的交流需要一种能够共同使用的语言作为纽带，以维系这种"全球化"的持续发展。英语由于具有很强的适应性和灵活性，成为世界各国在各个领域进行交流的常用工具。正因如此，英语的词汇也在不断丰富和发展。

3. 世界各领域的全球化潮流

在当下，"全球化"这一概念已经被引入各个领域。在经济领域，"全球化"使各个国家的经济相互交织；在政治领域，"全球化"使各个国家在政治制度等方面相互影响和渗透。这种"全球化"概念下经济与政治上的变化导致了用以进行沟通和交流的工具——语言也得到了进一步发展，由此可见，语言的传播与经济、政治密不可分。

（三）英语全球化的主要特点

1. 语音层面

英语全球化有其独有的特征，这里主要以奎尔克（Quirk）的"核心英语"为例进行阐述。核心英语的英文表达为"nuclear English"，它有三个主要特点，即科学性、交际性和可扩展性。核心英语并不是倡导英美英语的核心性和重要性，也不认为英美英语具有特殊性和优越性。在核心英语中，混合语同样受到重视和关注。核心英语简单不复杂，提倡使用简化的语法，例如，在核心英语中，所有的复杂疑问句都可以用"Isn't that so."或者"Is that so?"来替代。虽然这种复句的替代方法没有理论依据，缺乏广泛而深入的研究，但是这些方法反映了一个共同的特点，即随着英语的全球化，英语作为一种世界性通用的语言，将逐渐摆脱英美英语复杂性的制约，成为一门简单的、易学的、易懂的、易用的语言。随着英语全球化的发展，英语作为国际通用语言，将会呈现出易懂、易学和易用的特点。从音位的角度看，全球英语要求使用者具备发音准确、清晰的条件，同时在发音时要避免同化和省音的现象；与此同时，使用者还应该能够区分和识别音素之间的异同点。然而，对使用者在语音之间的差别，它并没有特殊的要求，这是因为发音主要的用途是解码和正确理解它的意义。例如，英语学习者和使用者应该能够正确区分 [p] 与 [b]、[k] 与 [g]、[t] 与 [d] 的不同，但对于他们是否能够区分和准确发出"know"中的 [k] 和 clock 中的 [k] 音之间的差异不做要求，只要在实际运用和交流过程中能够读懂和理解对方的意思即可。

2. 词法层面

英语全球化在词法层面的特点主要表现在以下方面：全球英语应避免使用口语词，语素和选词应使用统一的标准形式，避免使用不规则的形式。对于可数名词来说，不管是否规则，其复数必须用（e）s。从目前世界各国英语的使用和表达来看，有些词已经按照这一词法特点使用了，如由日本索尼生产的"随身听"，其复数形式不是"walkmen"，而是"walkmans"。此外，英语中的动词过去式和过去分词的不规则形式，也是英语学习者和使用者面临的一个难点。为此，有学者提出应和其他规则的动词一样，都在词尾加上"e"。需要指出的是，在同一语义环境下，基础词汇应该是学习的首选。

3. 句法层面

从句法的角度来分析英语全球化的特点，其句法结构简单，很少有复杂的成语和熟语，对于使用者来说，在学习过程中不会遇到太大的障碍。正如前面提到的核心英语中的复杂疑问句可以用"Is that so?"来代替，在全球英语中也是如此。

4. 语用层面

从语用学的角度看，英语是世界通用的语言，不应受到英美语言的语用规则或规范的约束。为了避免使用所谓的标准英语国家的文化、语言、信仰和价值观等，从现实语用学的角度出发，全球英语可以摆脱英国和美国语言的约束，拥有独有的特点。

（四）英语全球化的发展趋势

1. 卡齐鲁的三个同心圆理论

对英语全球化发展趋势的阐述中，具有较大影响力的是卡齐鲁（Kachru）的三个同心圆理论。三个同心圆理论阐述的是英语在世界各国、各地区的分布及使用情况。

对于英语在世界范围内的使用和传播，可以用卡齐鲁的三个同心圆理论来表示，这一理论充分显示了英语在跨文化、跨语言交际中的传播方式、使用模式及功能形式。

具体来讲，三个同心圆主要是由内圈、外圈和扩展圈组成的。以英语为母语的国家位于同心圆中的内圈，代表国家有英国、美国、加拿大等；英语不是母语，但第二语言为英语的国家位于同心圆中的外圈。而英语为外语的，代表国家有新加坡、菲律宾等，这些国家能够用英语进行正常的交流国家位于同心圆的扩展圈，最典型的国家是中国，此外还有俄罗斯、日本等国家。

2. 同心圆新论

三个同心圆相互重叠的地方有着特殊的含义。随着经济、政治的发展、人口流动性的增强，三个同心圆中人们使用英语的状况界限不再似最初那么清晰，在内圈国家中有以英语为第二语言的人，在外圈国家中也有以英语为母语的人，甚至在扩展圈国家中出现了以英语为第二语言的人。除此之外，国际上一些政治方面的因素及经济发展的变化加剧了人口的流动性，从而推动了语言使用状况的变化。例如，外圈国家可能发展成以英语为外语的国家，即扩展圈国家；同样，扩展圈国家也可能发展成以英语为第二语言的国家，即外圈国家。可以看出，以英语为外语的使用者可以通过频繁接触和学习英语成为以英语为第二语言的使用者。此外，一些以英语为第二语言的使用者继续学习和使用英语，也可以英语为母语。最有代表性的是欧盟，它在以英语为通用语言的背景下，母语也被广泛使用。可以预见，在不久的将来，这种现象将出现在亚洲、南美洲以及其他地区。

由此可以看出，经济全球化对英语的发展有着深刻而远大的影响。基于此，雅诺（Yano）对卡齐鲁的三个同心圆理论作了一定的修改和调整，将其发展为同心圆新论，具体阐述如下：

以内圈为核心的理论将不再存在，英语和所有的变体将平行发展，不分主次。此外，从社会语用学的层面分析，雅诺将英语按用途分为正式英语和非正式英语。相同大小的柱形结构是英语的一种变体，各种英语变体之间没有明确的界限，如对于英语变体的国际性和本土性之间采用虚线连接，就充分说明了这两者之间很难明确区分。

二、英语的本土化

（一）英语本土化的角色认知

随着英语全球化的发展，英国英语和美国英语不再是传统意义上的两种标准英语。许多国家把英语与当地文化结合起来，形成具有自己国家特色的语言，如澳大利亚英语、南非英语等，英语在这些国家中真正成为一门为自己民族所用的语言。英语的本土化作为一种发展趋势，必然会在经济全球化的进程中发挥不容小觑的作用。

1.英语本土化的定义

英语的本土化现象并非空穴来风，著名语言学家彼得·特鲁吉尔（Peter Trudgill）和吉恩·哈马（Jean Hamah）就曾对内圈国家和部分外圈国家所使用的英语进行过研究，他们在分析的过程中发现了十几种英语变体在语音、词汇、语法等方面的差异。这些差异不是语言变体的一个简单现象，其根源在于英语的本土化有着深厚的文化渊源。

首先，必须说一个国家的语言与它的政治有着千丝万缕的联系，在一定程度上代表了国家的主权和尊严。

能够拥有独立的语言系统象征着一个国家和民族的独立与荣誉。作为国家独立主权的一部分，语言独立是国家领导人必须重视并且必须实现的问题。

其次，语言是一个人对一个国家的认同感的重要表现，当一个人不能用更多的方法表达他的国家背景或民族背景时，民族语言（本土语言）是最好和最简单的方法。在国际交流中，英语的全球化和本土化是最好的体现。一方面，通用英语可以架起一座语言沟通的桥梁。另一方面，母语为英语，也能显示会话者的国籍和身份。

最后，英语本土化的发展体现了语言自身的发展规律。使用一种语言不可能在不同地区与不同民族的人毫无障碍的沟通，每个国家和地区也都有自己独特的地域文化和思维方式，简单的通用英语是无法跨越这些鸿沟的。因此，英语真正融入具体的国家和民族的时候，必然会或多或少地借用当地的一些语言现象，这也就体现出变体的规律和特征。

2. 英语本土化的成因

①语言接触

语言是一种连续的社会现象，在交际过程中，不可避免地要接触相应区域的语言，这种接触和碰撞衍生出了"本土化英语"。语言接触理论十分容易理解，克里奥尔语与洋泾浜语的出现就是这种理论的具体应用。但是，要想进一步理解语言接触的理论，还必须把握以下几个方面：语言交际各方、人口学、社会关系、各方的态度、交际事件的类型、语言输入的特征（交际各方使用的语言的相似性与类别）。

并非所有的语言接触最终都能产生相同的语言变化，这些具体的语言变化实际上取决于交际者的语言输入。不同国家的母语的语言结构和形式不同，这些不同的语言基础最终决定语言的变化。

本地化英语实际上是两种语言接触的结果。两种语言接触产生的新语言不仅具有内圈英语（英语为母语）的特点，而且具有与英语接触的某一国的具体语言的特点。正是由于这些语言接触，新的语言变体才会不断涌现。可以说，语言接触的过程对语言的发展有着重要的影响。

②语言调和

随着经济全球化的发展，交际活动中各方语言之间存在着巨大的差异。为了达到良好的沟通效果，各方始终会有意或无意地缩短他们使用的语言之间的差距，这就是语言融合。

当一个标准英语的使用者与其他国家的本土化英语使用者交流时，标准英语的使用者会故意降低他的英语表达标准；本土化英语的使用者在面对以英语为母语的人用标准英语对话时，也会努力提高自己的英语表达水平。这种语言融合的实质是交际双方适当改变自身语言表达水平以达到各自的交际目的，其最终目标是实现各方之间的完美沟通。

在英语的整合过程中，标准英语必然要吸收交际对象的一些母语，这种母语不是标准英语，但与英语相似。吸收的最终结果是创造一种新的语言变体，即新英语。需要指出的是，这种英语的适应程度取决于当地语言与英语的相似程度。地方语言和标准英语之间的差距越小，语言整合就会越少；反之，整合就会越多，这种整合产生的新英语也就更具自身的特色。

③语言的使用

英语作为重要的语言系统，曾经是外圈国家被殖民统治的工具，这一点和内圈国家十分相似，即通过培训当地人使用英语去巩固其统治，这也体现了语言独立对于一个国家和民族独立的重要性。

需要注意的是，英语在外圈国家中的使用和发展并不取决于母语人口的增长，而是取决于英语中第二语言使用者的扩展，这从印度英语的产生和发展中得到了很好的体现。英国殖民统治时期，驻印度总督训练了一些优秀的印度人协助英国进行殖民管理，并大力推广英语。这种语言很快就在印度传播开来，通过印度人和当地文化、语言习惯及思维方式的融合，最终发展成印度英语。发展到 20 世纪初，英语已经在印度有了被官方承认的语言地位，在众多的印度人口中，英语的使用比例大大提高，而且远远超过印地语的使用人数。英语的本土化极大地促进了印度英语的发展，使印度英语成为英语的重要组成部分。

④经济全球化的发展，国际贸易和教育交流的提升

我们已经知道外圈国家英语本土化的原因，下面对扩展圈国家英语本土化的原因做相应分析。虽然在一些英语扩展圈国家也有英国殖民统治的历史，但是我们不能将其英语本土化的原因与外圈国家一概而论，而是要做到具体问题具体分析。事实上，经济的发展和社会的进步对扩展圈国家英语本土化的发展起到了重要的作用。基于强大经济基础的国际贸易和教育交流对扩展圈国家英语本土化提出要求的同时也为其提供了机遇。

随着经济全球化的发展，英语学习者越来越多，不仅促进了英语国家和本土国家之间的文化交流，还促进了各国语言的交流，进一步促进了英语在非英语国家的本土化。这使英语在不同的国家和地区成为一种相对稳定的语言变体，也就是新英语或者本土化的英语。例如，经济的快速发展使中国英语的本土化越来越明显，这意味着中国英语这一语言变体日趋成熟。

3. 英语本土化的表现形式

标准英语通过不断地与各个国家和民族的文化接触、调和，现在已经形成了众多语言变体，这些变体不可避免地带有显著的地方色彩，并且根据与标准英语的差异程度，表现出层次不一的英语变体。这些变化反映了丰富的语言学理论，也引起了很多语言学家的关注。经过不懈努力，语言学家们已经取得了

相当丰硕的成绩。可以说，语言学家已经或多或少地研究了语言变体的各个方面，如卡齐鲁以"历史、社会语言和文化特征"提出了"三大同心圆"理论；特鲁吉尔和哈马则进一步从语音、语法、拼写、词汇等方面详细分析了包括内圈英语和外圈英语在内的多个英语变体的特征。

其中，关于语音和词汇的研究很多。这两个方面是语言特征最具代表性的方面。对于本土化之后的英语语音与词汇，人们很容易就能辨别，因为各种语言变体在这两方面的差别最为鲜明。

在拼写上也很容易发现，只要变体不同于标准英语，这个变化就会马上体现出来。语法系统作为一种相对稳定的遣词造句的形式，在每个语言系统中都不会轻易改变，各种英语变体在语法上的变化并不明显。

相比之下，语言学家对话语中语言变体的表达还没有进行深入的观察和研究，还停留在提问的阶段。

①英语词汇的本土化表现

除了母语为英语的国家，英语词汇在其他国家的传播和传承中也不断受到当地文化的影响。为了真正融入非英语语言体系，英语需要吸收其他国家和地区的语言词汇。只有具有鲜明地域特色的词语才能在英语中找到相应的位置，才能说英语词汇在这一领域的本土化是成功的，才能说英语真正融入了这个地区的语言。

20世纪三四十年代出版的 *A Dictionary of American English on Historical Principles* 就体现了语言学家们对英语本土化的研究成果：其一，该词典对美国标准英语词汇和其他地区英语变体词汇的不同之处做了解释，并将其特定的用法反映在词典中。其二，不同地区英语词汇的差异主要是由不同地区的文化差异造成的，该词典对美国英语词汇及其历史文化的联系进行了详细的阐释和分析。这样一来，读者对美国标准英语词汇有了更好的理解，使读者更容易分辨。

②英语使用功能上的本土化表现

英语的本土化也可以从功能的角度来阐释。根据英语在不同国家的使用情况，可以将其分为两种变体，即制度化变体和使用型变体。

制度化变体，也称为国内使用变体，指的是使用英语作为本国的母语或合法的第二语言，前面提到的外圈国家英语就是这类。从制度化的角度可以看出，这些国家的英语在法律上是被认可的，在国内也有法律地位，如印度英语、新加坡英语等。

使用型变体也称为国际使用变体，在这些国家英语属于外语，前面提到的扩展圈国家英语指的就是这一类。这种使用型变体的特点是，在国际交流中，英语只作为一种外语使用。

卡齐鲁指出，前者在使用中已经高度本土化、制度化，从而具有本体论意义。英语在这些国家的变化相对固定，遵循一定的规则。使用型变体更明显地受客观条件的影响，说话人的处境和语言水平会影响英语的使用，容易发生进一步的变异，相对而言无一定规律可循，因而不具有所谓本体论意义。所以，英语的国别变体指根据国别和地域的不同而衍生出的新型英语，并且这些英语在相应地域已经得到制度化的确认，作为母语或法定第二语言使用。但是，使用型变体由于受外部环境的影响很大，而且在使用国没有取得前者的地位，从而不能认为是国别变体。

4.英语本土化的发展趋势

①本土化是英语发展的必然趋势

英语本土化是英语应用的必然趋势，人们在 8 世纪开始记录英语时就已经发现了这个现象。在未来，随着英语使用国家的发展，英语将进一步分化和本土化。它将包含越来越多的本土特色，从而使得全世界范围内的英语千差万别。事实上，人们不能用法律手段来阻止这种变化，当然也没有必要阻止。克里斯托（Crystal）认为，英语表现出两种基本特点：首先是它的一般性，为了使英语成为一种交流手段，有必要保持其通用性，即确定所谓的标准英语。其次是为了肯定英语的地方特色，我们必须尊重英语的多样性。这似乎是进退两难的局面。因此，可能有两种情况：一方面，新变体的出现可能改变我们先前认识的标准英语，动摇原有标准。另一方面，可能会出现两种使用要求，即当地英语的使用和标准英语的使用要同时掌握。在克里斯托看来，所谓标准英语，由于其常作为书面用语，与日常口语相比具有稳定性。

②外圈国家和扩展圈国家英语本土化加剧

英语的发展呈现出与本土文化相结合并受其影响的趋势，由此产生了一种与原来英语使用方式脱节的新英语。可以说，英语改变了当地的文化，地方文化也改变了英语，二者相互影响、相互转化，这几乎成了一条规则。

克里斯托认为，正因为英语的使用已经达到相当广泛的程度（全球近四分之一的人在使用），所以英语的本土发展趋势是无法避免的。将英语作为第二语言的国家，本土化的现象表现得异常明显。因此，英国的出版社也不得不承认，本土化的英语正在得到认可，不能盲目地认为本土化的英语是一种错误。随着他们与其他国家的交流日益加深，他们所使用的英语得到了世界的认可。只有这种新的英语才能代表英语未来发展的方向。

③英语全球化促进英语本土化的发展

尽管英语已经获得了国际语言的地位，但这并不意味着它在任何国家都已被接受，也不能表明所有使用英语的国家的英语都已被同化。

事实上，随着英语使用范围的扩大，英语本身也在发生变化。统一和分化是同一事物的两个方面，虽然英语通常被认为是一种国际语言，但它也被不同的国家和地区所改变，形成一种既同一又有差别的英语。越来越多的国家和个人把英语作为第二语言，这就意味着英语作为第二语言正接受第一语言的改造，逐步本土化，这使得英语在不同的国家会形成不同的变体。

英语的全球化与本土化是同时发生的。英语的本土化从根本上说无疑是一种文化的融合，本土化实际上是英语文化和本土文化相结合的一种表现。这种结合不仅促进了英语的发展，也促进了当地经济的发展。

（二）英语全球化和本土化的争议热点

1.社会语言方面

英语在社会语言层面和社会文化层面有着不同的表达方式。英语不仅是一种交际工具，而且承载着一定的文化内涵，是文化的一个重要组成部分。语言学家罗伯特·拉多（Robert Lado）曾说："一种语言既是一种文化的一部分，又是该文化其他组成部分的主要表现手段。"[①] 这就意味着英语的输入不仅是语言的输入，更是文化的"入侵"。在英语输入的过程中，西方文化与西方的思维方式也同时被输入。作为先进文化的代表，英语被相对落后的国家研究和学习。然而，随着英语的本土化，英语的霸权地位正在消失。在亚洲和非洲一些国家的历史上，英语曾作为一种殖民者的语言在这些国家传播，但是随着民族意识的觉醒，英语成了反对殖民的武器。在多民族国家，英语已成为各民族

---

① 郭建中：《当代美国翻译理论》，湖北教育出版社2000年版。

的重要交流手段，进一步推动了反殖民主义运动的发展。

语言学界有一种担忧，即英语是否仍能代表它原来所代表的文化，也就是说，它是否仍然代表着一种"西方文化"呢？对此，奎尔克表示，英语依旧是一种有着强大生命力的语言。英语使用标准的多元化和本土化不会造成英语彻底的分裂。

2. 语言理论方面

英语的国际化和本土化在语言理论方面引起的争论主要包括以下三个方面：

其一，方法论问题，也就是说，英语是一种"规则"或"描述"。这一论点并不是最近几年才出现的，它有着悠久的历史。但在今天的语言学教科书中，大多数人倾向于认为语言是"描述"，这种观点被认为是传统语言学和现代语言学的分水岭。1989 年，英语的国际化和本土化的矛盾使这一争论重新回到人们的视线，引发了英语研究界的"Fairman 争议"。

其二，"唯一标准"和"多元标准"之争。这种争论可能将伴随英语发展的始终。认为英语应当遵守"唯一标准"的是英国语言学家奎尔克，认为英语发展趋向"多元标准"的是卡齐鲁，因此关于标准的争论又称为"奎尔克－卡齐鲁之争"。

其三，语言学家对母语、第一语言、第二语言的界定越来越不满意，认为这些界定不应当成为语言学术语。

三、英语全球化背景下中国英语面临的问题及反思

（一）中国语言规划面临的问题

1."崇尚英语、漠视汉语"的语言态度使汉语丧失了凝聚力

鉴于英语的国际地位,中国政府十分重视英语教育,马庆株教授曾指出,"我们国家现在有40%的教育经费在英语教育上"[①]。2000年,中国以英语为主的外语教育启动了"一条龙"计划,实施于小学一年级或三年级至博士研究生,贯穿一个人受教育的全部过程,为期甚长,成了与汉语并驾齐驱甚至更加重要的语言。随着中国入世、申博和申奥的成功,国内的"英语热"进入一个新的阶段,大有全民参与之势。"学英语从幼儿抓起"的口号越喊越响,"双语幼儿园"遍布各地;各高校也积极推动双语教学及中外合作办学。另外,教育部还专门批文鼓励高校选用国外英语原版教材。

英语培训已经成为中国的一大产业,这些培训覆盖从幼儿英语到成人英语的各个层次,形成了全民学英语的热潮。

在"英语热"的浪潮下,汉语在中国普通大众中遭遇了冷场。许多人认为,汉语不如英语实用,除了日常的交流,汉语在招生、求职等方面没有给人们带来好处。因此,人们通常会花费很多时间来准备各种英语考试,却漠视汉语的存在,忽视汉语的重要性。

马庆株教授在一次采访中也提道:"当调查某大学大四学生是否读过《红楼梦》《三国演义》等中国的文学名著时,大多数都说没有。因为时间都用去学英语了,要不然无法毕业。"[②] 网上对此现象最为流行的评论是"当今中国

---

① 马庆株:《汉语水平下滑不容轻视》,《中国侨网》2006年2月10日.。
② 马庆株:《抓住机遇,扎实推进语文改革——规范汉字及其拼写工具的完善》,《语言文字应用》2003年第2期.

大学生英语六级，汉语仅初级"。有关中国国民汉语能力整体下降的报道也层出不穷。据《东方早报》报道，中国学生队于 2005 年在复旦大学举行的"汉语言文字大赛"中输给了外国留学生队。在全球化时代，英语对中国的发展是很重要的，然而，这种对英语学习投入过度的精力及金钱，而对汉语却日益冷漠的态度已危及了汉语的地位。

对此，李宇明认为，"英语已侵占了我国母语的大片家园，母语的威望及地位正大幅度地下降"①。民族语言不仅是国家民族身份的象征，也是传承该民族文化、文明的方式。当一种民族语言被该国家的人民忽视时，它也就失去了对人民的凝聚力。

汉语传承着中国的文明，如今很多人却只简单地视汉语为生活中的交流工具，不再有继承传统、宣扬文化的作用，想当然地认为汉语不用学也会，甚至觉得学汉语无用。因此，汉语正逐渐失去它原有的凝聚力，其传承发展令人担忧。

2.英汉语混用使汉语原有的系统遭到破坏

全球化的"英语热"使汉语遭受了巨大的冲击，尤其是以英语为主要载体的互联网在语言接触及传播中对人们的日常交往产生了极大影响。

英语与汉语交替使用的现象日趋严重，如在某些本该用汉语的场所却没恪守民族语言而被英语排挤，民族语言同化外来语言的能力也弱化了。

目前，80% 以上的网络信息是以英语为载体的。大多数互联网用户都是年轻人，他们接受了更为系统的英语教育，方便快捷和从众赶时髦的心理使他们经常交替使用英语和汉语。因此，越来越多的英语借词（外来词）和外来词渗入汉语，形成了汉英混合的状态，改变了原有的汉语系统，特别是汉语的词汇系统。

① 李宇明：《中国英语规划论》，商务印书馆2009年版。

首先，许多英文字母词、单词和缩略语广泛应用于中国文学和网络聊天，破坏了汉语外来借词（外来词）的内部机制，使用音译、意译或半音译、半意译。一些由此及彼的谐音词、数字词及汉语别字都严重影响了汉语的词汇系统。

其次，汉语中使用一些如法炮制的英语语法。

语言之间的接触不可避免地会引起原有语言系统的一些变化，汉语和英语也不例外。由于语言的社会特征，虚拟世界汉英语言的混用不能简单视为仅是少数人的个人偏好，它将使汉语的语音、词汇、句法、语义及语用各层面产生破坏性的变异，使之成了"四不像"，严重威胁到汉语的原有系统。另外，青年网民具有较强的继承性和语言导向作用，如果语言使用不规范、中英文混合将继续渗透并改变人们的交际生活，威胁着汉语的健康发展。

3. "英语过热"背景下，中国小语种发展滞后

一些人认为英语就是国际化的标准语言，忽视小语种，甚至把外语简单理解为英语。在中国的外语教育体制下，英语占据了主导地位，学生的英语学习贯穿受教育的全过程，很多高校都开设了英语专业。

但随着英语学习在中国各个领域的热潮升温，对英语专业的需求在最近几年已大大减少，致使该专业毕业生就业困难。相比之下，小语种的需求量却在逐年增加，在一些高校，小语种毕业生就业率100%，小语种人才存在较大空缺。尽管2008年小语种的单独招生新增了南京大学、南开大学等6所试点高校，但目前国内能开设多语种课程的学校仍较少，除各地的外语学校外，主要集中于北京、上海这样的大城市中的大学或重点中小学，学习者的队伍也不强大。此外，与学习英语16年或更长时间相比，4年的小语种学习时间太短，无法保证学生能熟练掌握一门语言。

可以看出，小语种的发展滞后，中国现有的小语种教育还不能适应经济和

社会发展的需要。因此，中国外语规划，尤其是外语教育规划必须立足中国的基本国情，扩大语言视野，重视其他语种，逐渐将其他外语语种纳入其中，以改变英语占支配地位的局面。

（二）反思

英语和汉语、英语和少数民族语言之间的发展不平衡问题已经出现，中国如何应对"英语过热"问题的影响？既不能极端地一味排斥，也不能消极地听之任之，这将影响到汉语的生存发展和外语结构的和谐。我们必须反思自己对待汉语的态度，可以说，"英语过热"问题也折射出汉语本身传播的滞后与不足。因此，面对"英语过热"的现状，中国的语言规划应正视当前语言领域的问题，发挥积极的导向作用，捍卫汉语在中国的中心地位，扩大汉语的传播范围。

1. 正确处理英语与汉语的关系

中国人在正确处理国内英语与汉语的关系问题时应坚持汉语在中国的中心地位绝不能动摇，英语仅是更好地服务于中国的工具。鉴于英语的国际地位，中国人需要学好英语，了解国外先进科技，强大祖国，提升国家在国际上的地位，同时应该把英语作为中介语言来传达我们的民族文化或作为一种工具来辅助对外汉语教学，扩大汉语在世界范围内的传播。对科学术语和一些外来词的翻译应规范化，明确界定英语的使用范围，排挤、取代汉语的使用是不可取的。

2. 加强中国教育领域对汉语的重视

在中国，英语处处享受优待，贯穿于国民从小学教育到博士教育的始终；作为母语的汉语却只处于基础性教育的地位，在高中教育阶段后便遭到大多数学生的抛弃。

汉语地位的逐渐削弱证实了中国语文教育的不足和汉语传播的滞后。面对"英语过热""汉语无用论"的现状，李宇明教授认为，"在发展外语教育的同时，要保护和发展好本土语言及母语的教育"①。中小学语文教育应重视教材的编写与选用，让学生领略语文的魅力，使之从小就对汉语有一种亲切感和自豪感。学校还可以定期组织各种专题活动，旨在培养学生对汉语的态度和情感，使学生正确学习外语，重视、热爱语文，尽早培养他们的汉语意识。

高校应继续关注大学语文教学，注重大学生的语文能力和文化素养，发展大学语文。深入发展非中文专业学生的大学语文教育。只有通过这种方式，中国教育才能进一步提升汉语的定位，凸显汉语的优越性，提高汉语的重要性和认同度，增强其影响力。

3. 规范汉字的运用，简化汉语词汇

在当今社会，实用主义促使越来越多的中国人滥用英汉混合语言，方便个人表达，使语言的文采和华美越发匮乏。汉语是民族思维的载体，是灿烂文明的象征，混合语言会影响汉语语言的健康发展，对中国文化的发展产生负面影响。因此，应采取必要的干预措施，英文表音字及字母缩略词、英语借用词的规范都要提上国家语言文字的规范议程，在一定范围内，这种非标准汉语的使用应被最小化。

此外，人们更喜欢英汉混合语言主要是因为表音字比表意字表达和书写方便，更容易学习，这就促使汉语必须向简单化和口语化方向发展。

4. 构建"语言友好型社会"的语言规划目标

根据语言经济学的观点，学习外语是一种经济投资。它的价值有高低之分，人们往往选择具有较高经济价值的语言进行学习，这种选择是符合国民经济发展需要的。在中国的语言市场，英语备受追捧，因为它的经济价值最高。然而，我们必须认识到，这样一种经济观使得弱势的、经济价值低下的语言面临被强

---

① 李宇明：《中国外语规划的若干思考》，《外国语》2010年第1期。

势语言取代的危险，不利于维护语言的生态平衡。因此，在英语全球化背景下，中国的语言规划需要评估中国目前语言发展的优劣势，审视外部环境面临的机遇与威胁，合理配置包括资金、人力及组织机构等在内的各种资源，实行政策引导、专家献策、教育推动、公众参与的语言发展战略管理，兼顾语言的经济效益和生态效益，积极构建"语言友好型社会"。

一方面，为了国家经济的发展，语言规划应引入合理的外语教育体系，鼓励外语学习。另一方面，规划要着眼于语言的长期协调发展，既要重视具有较高经济价值的英语，也不要忽视汉语和小语种。

我们应该恢复、捍卫汉语的地位，扩大汉语的传播和使用，重新审视各种语言的功能和地位，确保语言的发展多样化。

第二节　当代大学英语教育的现状与发展趋向

随着科技的迅速发展及世界经济一体化进程的加快，英语已经成为政治、经济、文化交流的必要手段和重要工具。近年来，我国对外经济发展迅速，英语在我国的地位也日益重要，在各种对外事务中发挥着越来越重要的作用，人们对英语学习的重视程度也日益提高。现代大学英语教育已经成为高等教育的重要组成部分，它与传统的中小学英语不同，不应该只重视基础英语，还应该重视与英语相关的其他方面的教学。在全球化的大背景下，大学英语的产业结构应该作出战略性的转变，从旨在培养学生的英语知识能力转向旨在培养学生的英语综合运用能力、不断创新能力、自主学习能力和跨文化能力，这样的教学才能适应我国经济发展与国际交流的需要。因此，本节就当代大学英语教育的现状及教学的发展趋势做重要论述，希望能对英语教学起到一定的指导和帮助作用。

当前，我国大学英语教学正在进行新一轮的改革。为了适应高等教育新的发展形势，深化教学改革，提高教学质量，满足新时期国家和社会对人才培养的需要，2004 年教育部颁发了《大学英语课程教学要求（试行）》（以下简称《课程要求》），作为高校组织非英语专业本科生英语教学的主要依据。《课程要求》明确指出："大学英语的教学目标是培养学生的英语综合应用能力，特别是听说能力，使他们在今后的工作和社会交往中能用英语有效地进行口头和书面的信息交流，同时增强其自主学习能力，提高其综合文化素养，以适应我国经济发展和国际交流的需要。"英语综合应用能力包括听、说、读、写、译五个方面，翻译是有效进行口头和书面交流信息的重要技能。因此，翻译教学是大学英语教学的重要组成部分。

一、当代英语教育的现状

随着科技的迅速发展以及世界经济一体化进程的加快，英语已经成为政治、经济、文化交流的必要手段和重要工具。近年来，我国对外经济发展迅速，英语在我国越来越受到重视，在各领域的对外交往中使用越来越频繁，人们开始愈发重视对英语的学习。当代高等学校的教育体系中英语也成为一个重要的组成部分，大学英语应当与中小学的英语教育有所区别，不能再仅仅关注于基础英语的教学，而应当把重点转移到同英语相关联的其他方面的能力的培养和教学上来。在全球化的大环境下，大学英语的教学也应该适应这种形势的变化，教学方向要从过去那种以提高学生英语知识水平为主转变到培养学生综合运用英语的能力上来，努力提高学生的自学能力、跨文化交流的能力及创新的能力，以适应我国日益频繁的对外交往、交流的需要。

翻译是外语教学中一种非常实用的教学方式，在大学英语教学中经常使用。随着中国加入世界贸易组织，和申奥成功，国际交流更加频繁，综合素质高、专业精通、外语扎实、具备较强翻译能力的实用复合型翻译人才日益受到用人单位的青睐。显然，只靠规模有限的英语专业来培养翻译人才，是无法满足这种需求的，况且英语专业学生的理工科知识极其缺乏，有时根本就无法胜任科技英语的翻译工作。实际上，现阶段很多翻译工作岗位上的工作人员并非"科班出身"。他们往往是通过长期的工作实践，积累了比较丰富的经验和专业知识，出色地胜任翻译的工作。这就说明，非英语专业的人员其实也是可以通过个人的努力成为合格的翻译人才的。但是，这种转型也令大学的英语教学面临着新的挑战。传统意义上的大学英语翻译教学仅仅是简单的教学型的翻译，这种教学方式并不能很显著地提高学生的翻译能力，也无法令学生成功而顺利地进行转型。

（一）翻译教学理论和实践的关系现状

南京大学外国语学院博士生导师柯平教授认为，能够帮助学生对翻译的原则形成较为健全的意识，并能使其自觉地将所学到的翻译知识运用于自己的翻译实践是翻译教学的重要目标之一。这种健全的翻译原则意识很明显只能建立在某种健全的理论基础之上，所以任何一种严谨的翻译教学都要以中肯且切要的理论为指导。和其他课程相比，翻译的实践性较强。因此，翻译教学不能只局限在教师讲解或学生练习的单项活动层面，而应是一种教师讲解理论知识，学生实践练习的一种较广泛的教学行为。作为一名初学者，他所学的理论知识课程只涉及翻译操作的一些基本知识和技巧，所以每节课教师讲解的内容没有其他课程那么多，这也就使得有时候教师会感觉到初级翻译课程没什么可讲的，他们会将大部分时间留给学生去进行英语翻译练习。相对于这门课来说，翻译练习确实需要占用很多的时间。所以如何组织学生进行翻译练习，如何调动学生练习的积极性，如何激发学生的兴趣和合作精神，如何让学生主动而不是被动地参与练习，就是翻译教师需要摸索和探讨的问题。

由于自身的个体性差异，学生接受事物的能力存在一定的差异，因此如何选择翻译材料等问题都会影响到教师的课堂组织与管理。一般情况下，学生在进行翻译实践的过程中，基本没有或很少将理论运用于实践。因此，如何选择翻译材料就成为教师必须考虑的一个问题。如果翻译材料较为简单，就不易引起学生足够的重视；如果翻译材料太难，又会让学生失去翻译的兴趣，有时甚至会导致学生放弃翻译。英语翻译教学中诸如此类的因素常常会直接或间接地导致教师的理论讲解和学生的实践练习不能有效结合，或者使学生在实践中不能将已学的理论知识和实践结合起来，导致理论与实践脱节。

（二）翻译教学与测试的关系现状

当前，由于缺乏统一的英语翻译教学的教材和教学大纲，各学校在教学安排上也具有较强的随意性，导致英语翻译教学重点不突出，翻译能力测试评估不规范，翻译教学内容覆盖面较窄，翻译测试目的不明确，缺乏较为统一、客观、科学的评价体系，且常常涉及不到学生翻译的技能测试，导致学生认为考试不考，所以也不会去学习，最终无法巩固所学知识，即翻译教学和测试不同步。

此外，从四、六级考试来看，英语翻译考试只占到了四、六级整体考试分数的 5%，而听力及阅读所占比重很大，这也就导致学生对翻译学习的倦怠，甚至完全没有把翻译能力重视起来。

（三）教学内容现状

随着科学技术的快速发展和社会的不断进步，今天我们已经处于一个经济、文化多元化发展的新时代，人们的思想意识和观念也随之变化，这种大氛围的改变使得学生的思想、个性也从根本上发生了深刻的改变，需要更丰富、更新鲜的教学内容来刺激他们的神经，激发他们的学习动力，但是，在大部分院校的英语翻译教学内容仍旧大量沿袭和采用传统的教材，这些传统教材的专业性一般都较强，且比较偏重理论，不能反映社会现实。同时，能够反映时代信息的科技、外贸、影视、媒介、法律、军事等题材的教材很少。这种情况下，学生不仅无法掌握更多的相关专业知识和专业术语，传统教材也给学生的翻译学习和实践造成了很大的困难。

（四）教学模式现状

纵观几十年的大学英语教学，翻译一直未受到足够重视。受考试的影响，在听、说、读、写、译五项技能中，翻译一直处在最次要的位置。教师只重视与四、六级考试有关的英语听力与阅读的学习和训练，对"译"的处理则完全局限于课后的翻译练习，但课后的翻译练习仅用来检查和巩固学生对课文的语言知识的理解，至于对翻译习题的讲解则仅仅是对标准答案，既不系统地讲翻译技巧，也不提任何翻译理论；更何况这种练习一般都只是以词和句子翻译的形式出现，但句子的翻译如果离开了语境将无任何意义，一个词在新的语境当中可能会成为一个崭新的词汇，呈现一种新的含义。根据德利尔的观点，这种教学方式为"教学翻译"而不是"翻译教学"，或有的教师虽然讲解了一些单句的翻译技巧，但并未系统化，导致学生在课堂进行单句翻译时，尚能将理论与实践对应，而一旦进入课外的真实语篇翻译，就发现方法、技巧似乎一条也用不上，有时是该用的地方根本想不到要用，有时是张冠李戴，不该用的地方胡乱套用，导致学生学习兴趣下降。可见，陈旧的教学模式严重阻碍了学生翻译能力的发展和提高。

（五）学生个人翻译素质现状

1. 学生个人素质的差异性对翻译教学的影响

大学英语教学是一门公共必修课，它针对的是非英语专业的大学本科学生，因此学生个体存在较大差异，他们的总体英语水平也不尽相同，也就会对英语翻译教学有不同层面的要求。学生的个人英语水平也直接影响翻译教学的效果，这并不是说学生英语水平高，翻译质量就高，但如果该学生有较丰富的词汇功底，并能在听力、阅读、书面表达等其他方面都有较高水平的表现，那么他的翻译教学效果就会比较好；如果某学生的英语水平较低，想要达到预期的学习效果也会相对困难。

2. 学生的英语功底现状

①学生英语功底不扎实

随着高校不断扩招，从某种意义上讲，学生的平均综合能力水平不如以往。学生英语基本功不扎实不仅会直接影响到翻译课程教学，也会给教师的翻译课程教学带来一定的困难。教育部于 2004 年 1 月颁布的《大学英语课程教学要求（试行）》中对大学生的英语翻译能力提出了要求：高校大学生应能借助词典对题材熟悉的文章进行英汉互译，英汉译速为每小时 300 个英语单词，汉英译速为每小时 250 个汉字。大学生翻译的译文应基本流畅，并可以在进行英语翻译时使用一定的翻译技巧。虽然我国对大学生的翻译能力提出了具体要求，但是这一要求对今天已经完成大学英语教材学习的学生来说还是有一定难度的。在大学英语翻译教学的实践活动中，我们常常可以看到这样的现象：一方面，学生能够明白某篇英语文章以及文章中的某些段落和句子的意思，要他们做阅读理解或选择填空这种客观性较强的练习时他们基本上可以很好地完成，但是如果要他们用母语（汉语）将这些英语文章或段落、句子准确地翻译出来就比较困难。大多数学生在进行英语翻译时，常常会拘泥于原文句子的结构和词序对其进行直译。另一方面，如果需要将汉语翻译成英语，这对学生来说困难就更大了。学生的英语翻译水平在很大程度上影响了他们语言的学习及其他能力的培养，也在根本上制约了学生英语翻译水平的提高。

翻译能力是语言综合运用能力之一，然而从被公认为可以衡量英语学习者水平的一些大型标准化语言测试看，学生的翻译能力有待提高。因此，学生在学习翻译的过程中发现自己的不足后，有的非常重视，对翻译学习也持认真的态度，然而他们却没有找到适合自己的学习方法，以致事倍功半，并且产生了畏难情绪。另外还有一些学生，学习态度不端正，往往是看看答案，或者是大致地翻译后便去对答案，依赖心理和惰性都比较强，一旦发现自己的翻译能力总是不能提高，就会产生盲目焦虑的情绪。从平时学期考试和历届四、六级考试的成绩看，大学生的实际翻译水平亟待提高。

②学生对英语文化不甚了解

目前，大学生对英语文化的了解较少，这也是他们在进行英语翻译时语误频频的重要原因。调查发现，现阶段我国大多数院校在英语翻译的教学中对与英语相关的文化知识重视不够，使得学生对西方民族文化的习惯、信仰及价值观等背景文化不甚了解；同时，在英语翻译学习中，学生也没有进一步去了解英语单词在不同句子中的不同意思，使得他们只会按照字面意思去进行英语翻译。学生们因为对西方文化缺乏一定的了解，再加上汉语语言习惯和思维惯性的影响，在具体的英语翻译实践中，常常对英语产生误解，致使出现翻译语误。此外，在学习英语翻译的过程中，学生常常会因为对西方语言环境及文化的不了解而译出一些中式英语，类似的例子有将"好好学习，天天向上"翻译成"Good good study, day day up."，将"给点颜色瞧瞧"翻译成"Give some colour see

see." 等。

（六）教师素质现状

大学英语教师队伍中，有的教师是从学校的学生到学校的教师，他们的翻译实践较少甚至为零，根本不知道如何捕捉翻译的时代脉搏，而翻译教学思想应该反映时代特征，体现翻译所肩负的重大使命，这是翻译教学最大、最基本的价值观，导致学生所学与社会所需严重脱节。另外，一些高校英语师资缺乏，不能满足教学的合理需要。因此，师资紧张直接导致班级规模日益扩大。授课班级过大、学生多，使教师难以因材施教，只能以"满堂灌"的形式来驾驭课堂的翻译活动。同时，迫于平时工作繁忙、科研任务重，教师没有足够的时间和精力进修或自修，以提高自身的素质和业务能力。

（七）翻译教材现状

目前的翻译教材一般都会涉及翻译理论知识（翻译技巧和基本技能）的讲解，对翻译的初学者来说是非常必要的。然而，由于目前高校所使用的翻译教材不太容易进行举例教学，文学类的例子较多，而适合他们的简单的、基本的例子则相对较少，对于翻译初学者来说较为困难。同时这些教材还存在一定的滞后性，缺乏合适的、时代性强的、信息性强的翻译例子。在这样的情况下，学生会因为教材内容较难或较为乏味，缺乏学习兴趣。从教材设置上看，大部分教材都更加重视学生听说能力的提高，对于学生听说能力的培养也都有专门的辅助教材，而提高学生翻译能力的辅助教材的数量却相当少。在教材中，翻译练习的数量也较少，即便有练习，也大多为汉译英练习，即学校在学生翻译能力培养认识上存在着一定的误区，使得不少学生只要提到翻译，就会下意识地认为是将汉语翻译成英语，却在很大程度上忽略了英译汉能力的提高。调查发现，在非专业英语教材中，基本上很少甚至没有提到英语翻译的技巧及理论问题，这就使得很多学生只知道翻译实践，却不重视翻译的技巧及理论的学习。

针对上述情况，建议教师首先确立将翻译作为语言基本技能来教的指导思想，充分利用精读教材所提供的语言活动材料，把翻译知识和技巧的传授融入精读课文的教学，有意识地培养学生的翻译能力。

二、当代英语教育的发展趋势

（一）个性化教学

个性化教学以学生为中心，以调动学生内在动力为己任，重视师生之间的互动及学生的反馈，可以使学生摆脱成绩、作业的压力，并充分发挥他们的潜能与天赋。在当今社会竞争日益激烈的情况下，个性化教学的开展尤为重要。

1. 个性化教学的定义

关于个性化教学的定义可谓"仁者见仁，智者见智"，我们先来看一些比较有代表性的观点。前者强调的是教学过程中师生之间、学习者与学习者之间，以及学习者与学习资源之间的互动；后者强调的是学习者可以按照自己的步调进行学习，以及学习者参与制定自己的学习日程，往往与非正规的课堂教学联系在一起。

尽管上述观点所使用的术语各不相同，但它们都不同程度地体现出个性化教学的一些内在特点。综合上述观点，本书认为所谓个性化教学就是以了解和尊重学习者的个体差异为前提，以最大限度地发展每个学习者的能力为目标，以充分调动学习者的学习自主性为主要方式，以灵活多样的教学形式为依托的教学模式。因此应从适应性教学和分化教学两个方面来理解个性化教学的内涵。

①适应性教学

随着经济的飞速发展及国际竞争的日益激烈，社会对于人的素质的要求更寻求以个性品质为内核的"全人格"内涵，而传统的班级教学在发展过程中越来越暴露出其在适应学生个别差异方面的不足，这就使得教学模式也必须进行相应的调整。教师适应学生是学习过程的核心。适应性教学就是要求教学安排适应个别差异的环境条件，创设相应的情境，建构相应的课程知识以及建立相应的评价制度等。从这个意义上讲，个性化教学也被称为适应性教学，20世纪80年代以后，这两个概念是可以互换使用的。

②分化教学

美国当代著名心理学家霍华德·加德纳（Howard Gardner）曾明确指出，"在过去的世纪中，教学的最大错误是：假定全体儿童是没有差异的同一个体，而以同一方式教授同一学科般地对待全体儿童"。[①] 而分化教学就是以分化的方式来适应学习者差异性的个性化教学。每个学习者在学习意向、兴趣、天赋方面都有自己的特点。具体来说，学习意向是学习者的学习倾向性，包括性别、文化、学习风格、智力倾向性等。例如，有的学习者倾向于以逻辑和分析的方法学习，有的学习者则倾向于借助大量图片来感知、理解具体的内容。兴趣是学习者对某一特定专题或技能的好奇心、爱好或偏爱，如有的学习者非常喜欢语言而进行文学研究，有的学习者对盖房子感兴趣而选择学习建筑。天赋是学习者在某一方面与生俱来的理解力、学习能力或技能，对学习效率的高低会产生一定的影响。

2.个性化教学与传统教学

个性化教学与传统教学在价值取向上存在明显差异，如表1–1所示。

---

① 霍华德·加德纳：《多元智能新视野》，中国人民大学出版社2012年版。

表1-1 个性化教学与传统教学的价值取向差异

个性化教学	传统教学
一手经验	二手经验
内在健康	外在行为
注重质的内涵	注重量的内涵
追求幸福	通过考试获得好工作的资格
从自我抗拒和自我惩罚中解放出来	行为目标评估和获得
人类的特性决定教学的价值	我们的价值决定测量
发散性思维	收敛性思维
直觉和情感	思想和行动
个人的知识	外部的知识
建构生存主体的教学	建构知识主体的教学
关注遭遇和体验生活的路径	获得和应用规范的知识与技能

传统教学忽视了个体的需要和情感的开发，把学习者看成接受来自教师所输入知识的容器，使教室成为脱离实际生活的场所。在当今信息化社会的时代背景下，这种以掌握知识为中心目标的教学方式很难适应未来社会的发展需要。因此，我们必须从传统教学的思维模式中分离出来。

3. 个性化教学与个别教学

就目前的情况来看，与个性化教学极易混淆的一个概念是个别教学。因此，为了正确理解个性化教学，我们有必要搞清楚个别教学的含义。国内许多学者都接受了"个别教学"这一概念。实际上，个别教学与个性化教学是有很大区别的。《中国大百科全书·教育》对"个别教学"的定义是：在同一个教室里聚集着年龄悬殊、程度不一的学生，教师对每个学生个别施教，教学内容和进度各不相同，教学时间没有统一安排，教学效果一般都很低欧洲中世纪学校和中国封建时代的私塾的教学就属于这种组织形式。在我国一些偏远地区和经济比较落后的地区，这种方式仍然存在。一般来说，个别教学的实际效果不太好。可见，个别教学与个性化教学完全是两回事，绝不能将二者混为一谈。

4. 个性化教学的原则

从新时代对教学的新要求看，个性化教学应该成为一项系统工程。我们可以从以下几方面把握其原则：

①理念的个性化

每个学习者与生俱来就各不相同，教师不能忽视学习者之间的智力差异，也不能假设每个学习者都拥有（或应该拥有）相同的智力潜能，而应该努力确保每个学习者所接受的教育能最大限度地发挥其智力潜能。

个性化教学以了解每一名学习者的智力特点为前提，强调在可能的范围内发展不同的教学方式，使具有不同智力的学习者都能受到同样好的教育。教师不应使用刻板的印象或命中注定的方式去看待学习者，而应在了解每个学习者的背景、学习强项、兴趣爱好的基础上采用学生自身最新的学习框架去做最有利于学习者学习的教育决定，从而确立最有利于学习者学习的教育方式。

②形式的个性化

只有将学习者内在的动力激发出来，学习者的潜能才能得到充分发挥，并逐渐养成自主学习的行为、习惯、态度和精神，才可能达到预期的学习目标。因此，采取什么样的教学形式至关重要。对学习者而言，学习活动是发生性的，这就意味着教学必须是个性化的，受到学习者的经验、意向、兴趣、水平、需要等因素的影响。

教师应对学习者情况进行汇总和分析，并在此基础上采取小班化教学、个别辅导、小队教学、同伴辅导、探究性学习、合作学习、自主学习等多种形式来弥补传统教学方式的不足。此外，教师还应在实践过程中不断总结经验、不断创新。

③目的的个性化

我们要培养的是个性化的人才，而不是规格化、标准化的人才，不是千人一面，而是人人生动活泼，具有丰富多彩的表达方式，具有冒险精神和创新精神。如前所述，个性化教学是服务于素质教育的，而素质教育的目的在于培养全人格，教师应认真对待每个学生的特质、兴趣和学习目标，并尽最大可能帮助他们发现自己的潜能。此外，教师应根据教学内容、教学对象的不同，创造性地设计各种适宜的、能够促进学生充分发展的教学方法与策略，使学生能以向他人（包括自己）展现他们所学的、所理解的内容的方式去了解和掌握教学材料。随着时间的推进，学生会积极主动地寻求与自身智力相匹配的教学机会，最大限度地发挥自身潜能。这样，教学的个性化色彩才会越来越浓，学生与学生之间的差异也会越来越明显，大大增加了学生学习成功的可能性。

④手段的个性化

现代科技的发展，尤其是现代信息技术的发展为教学提供了更多可供选择的手段，为个性化教学提供了强大的物质基础。具体来说，这些技术上的进步不仅提供了许多硬件设备，如录音机、投影仪、电视、电脑等，还提供了许多储存容量大、功能强大、界面友好的软件与应用系统，为个性化教学的有效实施创造了更加便利的条件。因此，教师应充分利用校园文化资源、乡土和社区资源、广播电视手段、计算机技术手段、网络技术手段等，将个性化教学更好地向前推进。

⑤内容的个性化

内容的个性化可以从理论层面来分析。从理论层面来看，内容的个性化包括以下两个方面的内容：

第一，个性的多样性与课程的选择性。从理论层面来看，应优化教学资源，结合学生的实际情况开展选修课程。此外，还应进行课程的分化与统整，做到在分化中统整、在统整中分化，使课程的设置与安排尽量与学生的个体差异相符合。

第二，自我的完整性与课程的综合性。个性化教学以培养学生的自由人格为目的。冯契先生认为，自由人格就是有自由德性的人格，在实践和认识的反复过程中，理想化为信念，成为德性，就是精神成了具有自由的人格。[①]这种自由人格是在"基于实践的认识世界和认识自己的交互作用过程"中实现的，因此，课程必须具备一定的综合性，这是培养学生自由人格的前提和基础。

5. 个性化教学的实施

在个性化教学的具体实施中，教师决定着教学理念的选择、教学目标的制订、教学活动的安排及教学的质量，是最重要、最核心的环节。在开展个性化教学的过程中，教师应从以下三个方面来努力：

①改变教学观念

第一，树立个性化教学观念。要想实现个性化教学，首先要改变传统的教学观念，树立个性化教学观念。教师作为个性化教学的实施者，承担着重要的责任，因为教师的教学观念直接影响着教学的开展。所以，为了保证大学英语个性化教学的顺利实施，教师必须转变教学观念。具体来讲，教师要实现两个转变：就教学目标而言，要从原来的以阅读、写作为主向以听、说为主转变，全面提高学生的语言综合运用能力；就教学主体而言，要从以教师为主向以学生为主转变。在具体的教学过程中，教师不仅要向学生传授英语知识，还要培

---

① 冯契：《认识世界和认知自己》，华东师范大学出版社1996年版。

养学生自主获取知识的能力；不仅要让学生掌握学习语言的规律与方法，还要引导学生积极思考，培养学生的自主学习能力；不仅要确定学生的主体地位，还要兼顾学生的情感、个性、智力的需求，更要明确自己的主导地位。

第二，摒弃以往的应试教育思想。转变教学观念还包括摒弃以往的应试教育思想，树立以培养学生英语实用能力、全面发展学生个性为目标的教学观念，制定新的评价机制，促进学生的全面发展。

②营造宽松的教学氛围

哲学家约翰·密尔说："天才只能在自由的空气里自由地呼吸。"①

实践表明，在高度焦虑的状况下，学生会处于一种压迫状态，学习效果并不理想，更遑论培养创造性。人的创造性和学习效果都只有在一种较为自由的状态中才能够产生。在这样的环境中，学生没有任何顾虑和压力，心理安全、自由，不必担心自己没有按照教师的要求去做而受到指责批评。可见，宽松自由的教学氛围是促进学生个性发展的前提条件。教师应尊重学生的个性、禀赋、选择，建立平等的师生伦理关系，使学生有展示个性和发挥潜能的舞台，这样学生才能找到学习的乐趣和奋斗的动力。

③提升个人综合素质

个性化的教师，是指那些对教育教学理念有独特见解并采取与之相适应的教育教学行为方式的教师，是教师个人的气质、性格等人格特征在教学活动中的反映和体现，主要包括教师的个性化教学观、知识结构、能力结构、教学艺术和管理艺术等。个性化的教师既有自己的独到见解，又能遵循教学的基本原则，是个性化教学有效实施不可或缺的重要条件。因此，每位教师都要努力提升个人综合素质，加强自己的理论修养，积极探索，努力创新，争做优秀的个

---

① 约翰·密尔：《论自由》，尹丽莉译，煤炭工业出版社2017年版。

性化教师。

6. 采取个性化的教学策略

每个学生在学习能力、学习经验、兴趣爱好和心理特征等方面都有自己的特点，这就使得学生在学习的每个环节都会表现出个体差异。因此，在教学过程中，教师应有针对性地制订适合不同学生的教学计划，并采取灵活多样的教学策略。下面这些策略可以有效帮助教师解决在个性化教学过程中遇到的问题。

①自主学习的教学策略

自主学习的教学策略的核心是发挥学生学习的主动性、积极性，充分体现学生的主体认知作用，着眼点是如何帮助学生"学"。因此，这类教学策略的具体形式虽然多种多样，但有一条主线贯穿始终，让学生"自主探索、自主发现"。

自主学习的教学策略的基本过程是让学生通过对具体事例的归纳来获得一般法则，并用它来解决新的问题，其大致步骤如下：

第一，问题情境。教师设置问题情境，提供有助于形成概括性结论的实例，让学生对现象进行观察分析，逐渐缩小观察范围，将注意力集中在某些要点上。

第二，假设与检验。让学生提出假设，并加以验证，得出概括性结论。通过分析、比较，对各种信息进行转换和组合，以形成假设，而后通过思考讨论，以事实为依据对假设进行检验和修正，直至得到正确的结论，并对自己的发现过程进行反思和概括。

第三，整合与应用。将新发现的知识与原有知识联系起来，纳入认知结构中。运用新知识解决有关问题，促进知识的巩固和灵活迁移。

第四，设计学习评价系统。评价系统以标准参照测验为基本形式。经过一段时间的学习后，学生可以自行决定是否接受测验。若通过测验可进行下一单元的学习；若未通过测验，教师应及时给予指导，帮助学生掌握所学知识。

第五，建立计算机教学辅导和管理系统。计算机教学辅导与管理系统可以使教师实时追踪学生的学习状况，从总体上把握学生的学习进展情况。

自主学习的教学策略关注学生对基本概念和原理的提取、应用，同时关注学生在发现过程中的思维策略，关注学生探究能力和内在动机的发展，因此，有利于培养学生的探索能力和学习兴趣，有利于学生对知识的掌握和应用。但是，这种教学策略往往需要用更多的时间，效率较低。

②同伴辅导的教学策略

同伴辅导是学生配对的个性化教学策略，指在多样化教学情境中，教师安排学生通过一对一的搭配方式促进学生互相帮助的教学策略。同伴辅导可以通过以下三种方式展开：

第一，不同年级学生之间的辅导，通常是高年级学生辅导低年级学生。这种方式不仅可以帮助低年级学生的学业，还可以帮助高年级学生发展其社会性品质。

第二，两个学生之间平等、互助，共同参与学习活动。这种方式的扩充形式是合作学习。

第三，同一班级内学生之间的互相辅导。这种方式最为普遍。

同伴辅导教学策略的优点不言而喻。学生往往因为害怕教师的权威而不敢向教师提问，但在同伴辅导过程中，同伴之间没有压抑感，可以大胆地进行提问与讨论，从而能够获得启发。

③风格本位的教学策略

风格本位的教学策略要求调整教学环境，以适应不同学生的差异。教学风格主要指教师教学过程中稳定的行为样式，涉及教师的情感和态度等广泛的个性特征。彼德森认为，教学风格就是指教师如何利用课堂空间组织教学活动、准备教学资源，以及选择学生群体等的相对稳定的行为样式。教学风格的核心就是行为和方法策略在一定时间内的相对稳定性，教师教学风格的建立需要一定的时间、过程，新教师谈不上风格本位的教学，只有从事了一定时间的教学，积累了丰富经验的教师，才能够谈及风格本位的教学。

风格本位的教学策略需要教师在课程教材方面进行改革，契约活动包是最常用的方法。契约活动包是为那些倾向于结构化学习环境的学生或追求自我选择的学生提供的教材大纲，代替了全班课堂教学的课程教材，向学生提供可供选择的作业，以满足个性化教学的需要。学生完成一项活动并记录。此外，鲁宾还提出了以下六种教学风格类型：

（1）改进型。改进型教师重视学生的反馈信息，善于利用反馈信息来分析学生的情况，诊断学习错误，并提出建设性意见。

（2）信息型。信息型教师知识面广，能为学生提供大量与学习有关的信息。

（3）程序型。程序型教师指导学生活动，并促进学生自我教学和自主学习。

（4）鼓动型。鼓动型教师以情感投入来激发学生的学习注意力和兴趣。

（5）互动型。互动型教师以对话和提问的方式促进学生思维的发展。

（6）陈述型。陈述型教师以教材为中心进行知识陈述。

（二）微课教学

1. 微课的概念

微课是微视频课程的简称，翻译自英文"MieroLecture"，其雏形是美国爱荷华大学罗伊·A.麦克格鲁（Le Roy A.McGrew）教授所提出的"60秒有机化学课程"和英国纳皮尔大学凯（T.P.Kee）所提出的"让学生对特定主题进行1分钟演讲"。目前广泛讨论的微课概念是由美国新墨西哥州圣胡安学院的高级教学设计师、学院在线服务经理戴维·彭罗斯（David Penrose）于2008年提出的。彭罗斯认为，在相应的作业与讨论的支持下，微型的知识脉冲能够获得与传统的长时间授课相同的效果。

学者胡铁生对微课的定义是："微课"又名"微课程"，是"微型视频网络课程"的简称，是以微型教学视频为主要载体，针对某个学科知识点（如重点、难点、疑点、考点等）或教学环节（如学习活动、主题、实验、任务等）而设计开发的一种情境化、支持多种学习方式的新型网络课程资源。[①]

学者焦建利对微课的定义是："微课"是以阐释某一知识点为目标，以短小精悍的在线视频为表现形式，以学习或教学应用为目的的在线教学视频。[②]

学者郑小军对微课的定义是："微课"是为支持翻转学习、混合学习、移动学习、碎片化学习等多种新型学习方式，以短小精悍的微型流媒体教学视频为主要载体，针对某个学科知识点或教学环节而精心设计开发的一种情境化、趣味性、可视化的数字化学习资源包。[③]

学者黎加厚对微课的定义是："微课"或"微课程"是指时间在10分钟以内，

---

①　胡铁生，《微课的内涵理解与教学设计方法》，《广东教育·综合》2014年第4期。
②　焦建利：《微课及其应用与影响》，《中小学信息技术教育》2013年第4期。
③　郑小军：《我对微课的界定》，.http://blog.sina.com.cn/s/blog_4711a0210102e6ge.html。

有明确的教学目标，内容短小，集中说明一个问题的小课程。①

　　上述几种定义各有侧重，但都提到了三个关键点：时间、内容、形式，即时间短、以视频为载体、内容集中于一个知识点或一个问题。可见，对于微课，这是公认的观点。目前国内对微课并没有一个统一的概念界定，但基本含义大体一致，它是以阐释某一知识点为目标，以微型教学视频为主要载体，针对某个学科的某个知识点或教学环节而设计开发的一种情境化、支持多种学习方式的数字化学习资源。

　　2. 微课的价值

　　第一，微课挑战了传统课堂的条条框框。45 分钟的传统课堂，教师站在讲台上声嘶力竭地讲，学生坐在位置上规规矩矩地听、认认真真地背，偶尔也会有教师提问，学生回答。从注意力保持专注的调查得出：学生学习兴趣一般只能维持 20 分钟左右，这段时间过后就会出现疲劳、走神等现象。心理学研究也证明：学生课堂学习时间的质量取决于专注于功课的时间，即投入学习时间与学生的学习成绩成正比。学习时间过长，并不意味着学习效率高，只有学生投入有价值的学习活动，才会提高学习质量。微课是相对于传统意义上的整堂课而言的，从教学主体性上分析（教师角度和学生角度），校本微课的出现对传统课堂框架提出了挑战。

　　从教师角度来讲。微课形式的出现，颠覆了以往的个别辅导方式，超越了时间和空间，无疑在一定程度上解放了教师。然而，这种形式对教师而言，也是一种全新的挑战，学生的学习可以不再仅仅以学校教师为主，他还可以在学习网站上找到自己所需要的教师。一些以讲授型为主的任课教师，也许很容易成为一个尴尬的角色，学生也可能会觉得这种类型的授课教师更加可有可无。

---

① 黎加厚：《微课的含义与发展》，《中小学信息技术教育》，2013年第4期。

从学生角度来讲。首先，微课的最大价值体现在可以提高学生的学习效率上。一节课的精华总是围绕某个知识点或者某个教学点展开，精彩的、高潮的环节都是短暂的、瞬间的。学生视觉驻留时间普遍只有20分钟左右，若时间过长，注意力得不到缓解，便很难达到较理想的学习效果。根据学校的实际需求，把教学重点、难点、考点、疑点等精彩片段录制为时间在20分钟左右、大小50M左右的简短视频，大大方便了学生随时、随地通过网络下载或点播进行学习，有利于提高学生的学习效率。其次，微课的最大价值还体现在有助于学生自主学习和有选择性的学习。学生在课前通过观看教学视频进行自主学习，可根据自己的情况自主掌握观看教学视频的节奏与时间。在传统的教学模式下，知识点传授由教师在课堂上完成，学生可能会错过某个知识点讲解或无法通过教师的一次讲解完全理解知识点，而在微课程模式下，学生可以通过重复观看教学视频解决这个问题。同时，对于重难点部分，学生可以选择暂停，给自己充分的思考时间，或者即刻记录下自己的疑惑，以便在课堂上与同伴进行交流。在观看教学视频的同时，学生可针对教学视频内容完成相应的练习，巩固学习内容。

第二，微课为促进教师专业成长提供了新途径。如果我们撇开纯功利性，微课真的可以带给我们一种新鲜的感受和更加生动活泼的教学教研形式，它无疑是现在情境教学和教研的一种先进手段。微课既可为教师相互学习提供借鉴，又可为教师诊断改进提供依据。具体来讲，主要表现在以下两方面：

（1）有利于提高教师的教学素质和专业素养。微课的表现形式主要有两种：一种是具体而微小的形式，表现在教学的全过程，即有完整的教学过程和教学环节。从内容的导入到重难点剖析、方法讲解、教学总结、教学反思，再到练习设计，与传统课堂的每一个环节没有任何差别，但微课没有学生的参与，没有师生的互动，或者说学生参与度不够，师生互动较少。微课的目的是展现教师的教学理念、教学观念或者教学设计、教学方法和教学技巧。这种表现形式有点类似说课，但又比说课更具体、更翔实，更能反映教师的教学思想和教学水平。另一种是微小的片段。为了展现整个教学过程中的某一个环节，通过录制一个教学片段来表现教师对教材的处理、对某个教学重点的教学处理或者对某个教学难点的突破技巧等，体现了完全真实的教师教学和学生学习。比如，教师如何引导学生解决问题、教师怎样指导学生掌握操作技能等。无论哪一种形式的微课，与传统的课堂展示相比，最大的不同不仅在于时间短（长则20分钟，短则七八分钟），而且教学目标集中，目的单纯。因此，微课非常有利于提高教师的教学素质和专业素养。

（2）有利于提升教师的信息处理能力和水平。教师应视野开阔、思维敏锐、眼光独到，对各种有用的信息具有高度的敏感性，并具有对这些信息进行辨别、简化、归类、储存、联系发挥的能力，能够适时地把这些信息内化为自己的知识，并运用到教学实践中去。

微课的制作可以分为加工改造式和原创开发式。加工改造式即对传统课堂的多媒体形式再呈现，换句话说，就是将学校已有的优秀教学课件或录像，经过加工编辑（如视频的转录、切片、合成、字幕处理等），并提供相应的辅助资源（如教案、课件、反思、习题等），进行"微课"化处理。原创开发式有多种技术手段，包括屏幕录像专家软件录制、ShowMe软件录制、摄像工具录制、录播教室录制、专业演播室制作等。

第三，微课为传统教学资源建设提供了新方向。微课的核心内容是课堂教学视频片段，还包含与该教学主题相关的教学设计、素材、课件、教学反思、练习测试、学生反馈及教师点评等教学资源。它主要是为了解决课堂教学中某个学科知识点（如教学重点、难点、疑点内容）的教学，或者是反映课堂某个教学环节、教学主题的教与学的活动。相对于传统课堂要完成数量多且复杂的教学内容，要达成多个教学目标而言，微课的目标相对单一，教学内容更加精简，教学主题更加突出，教学指向（包括资源设计指向、教学活动指向等）更加明确，其设计与制作都是围绕某个教学主题展开的。校本微课共同构成了一个主题鲜明、类型多样、结构紧凑的"主题单元资源包"，营造了一个与具体教学活动紧密结合、真实情境化的"微教学资源环境"。只有这样，传统教学资源建设才能从肤浅走向深刻，传统教学资源的丰富内涵才能够真正体现出来。

综上所述，微课是以视频为主要载体，呈现教师围绕某个知识点或教学环节开展的简短完整教学内容的教学活动。"微视频"是微课的核心，对应"学科知识点"和"教学环节"设计制作，是微课概念的核心。微视频课程是外语学习者在特定学习情境中，根据自主学习的需求目标，利用微视频所进行的网络学习活动的总和，也是教师利用网络对某个知识点或教学环节内容实施教学活动的总和。以"微视频"为呈现方式的"微课程"，具有外语教学所需要的真实的、情境化、案例化特征。其特点是主题突出，短小精悍；资源丰富，情境真实；易于交互，使用便捷。总之，有明确的教学目标，通过视频、音频、文字、图片、动画等多种表现形式集中解读一个问题或知识点的教学过程称为微课程。相对于微课而言，微课程更具系统性，与传统课堂教学结合得更加紧密，适用于将原本沉重的学习任务分解成若干知识"碎片"，实现轻松愉快的教学与学习的目的。在教学实践中，微课从最初的"微型资源构成方式"拓展到"简短的教学活动过程"，最终发展到"一种以微视频为主要表现方式的在线网络学习课程"，体现了人们对微课认识的不断深化和完善。"微课程"概念是微课发展的高级表现阶段，丰富了微课概念的内涵、功能和作用，使之成为构成当前学习型社会和终身教育背景下，社会公民进行个性化、自主性外语学习普遍有效的学习资源。

"微课程"已被越来越多的研究者融合于正规与非正规的外语教学之中，成为"大数据"时代外语教学和学习不可或缺的课程方式。

第三节　我国大学英语教学的发展与现状透视

一、大学英语教学大纲对文化的关注

教学大纲是在一定的教学思想和教学理论指导下，对教学目标、教学内容、教学要求、教学评估等进行描述和规定的文件。我国的大学英语教学大纲，反映了语言与文化的紧密联系，对大学英语的教学、教材编写起到指导、引领的作用。

中华人民共和国成立后的第一部大学英语教学大纲，是 1962 年的《英语教学大纲（试行草案）》，规定大学英语教学的目的是"为学生今后阅读本专业英语书刊打下较扎实的语言基础"。当时的大学英语教学以阅读为导向，目的是给学生打好语言基础。

1980 年，我国发布了《英语教学大纲（高等学校理工科本科四年制试用）（草案）》，规定大学英语教学的目标是"基础英语教学阶段，为学生阅读英语科技书刊打下较扎实的语言基础；专业阅读阶段，使学生具备比较顺利地阅读有关专业的英语书刊的能力"。

1983 年，英语成为高考科目之一，高中英语得到普及。为适应新形势的需要，1985 年教育部发布《大学英语教学大纲（高等学校理工科本科用）》，

1986 年发布《大学英语教学大纲（高等学校文理科本科用）》，规定理工科英语的教学目标是"培养学生具有较强的阅读能力、一定的听和译的能力以及初步的写和说的能力，使学生能以英语为工具，获取专业所需要的信息，并为进一步提高英语水平打下较好的基础"。文理科英语的教学目标除了没要求"译的能力"，基本与理工科一致。这两份大纲都指出，"语言教学的最终目标是培养学生以书面或口头进行交际的能力"，并对语言能力和交际能力做了区分，指出"语言能力在一定程度上是交际能力的基础，但有了语言能力不等于就具有了交际能力"。

随着学生英语水平的提高和四、六级考试通过率的提高，1999 年颁布的《大学英语教学大纲（修订本）》中规定，大学英语的教学目标是"培养学生具有较强的阅读能力和一定听、说、读、写、译的能力，使他们能用英语进行信息交流，大学英语教学应帮助学生打下扎实的语言基础，掌握良好的语言学习方法，提高文化素养，以适应社会发展和经济建设的需要"。

2007 年的《大学英语课程教学要求》指出，"大学英语是以外语教学理论为指导，以英语语言知识与应用技能、跨文化交际和学习策略为主要内容，并集多种教学模式和教学手段为一体的教学体系"，并提出大学英语的教学目标是"培养学生的英语综合应用能力，特别是听说能力，使他们在今后的学习、工作和社会交往中能用英语有效地进行交际，同时增强其自主学习能力提高综合文化素养，以适应我国社会发展和国际交流的需要"，还提出"大学英语课程不仅是一门语言基础课程，也是拓宽知识、了解世界文化的素质教育课程，兼有工具性和人文性。因此，设计大学英语课程时应当充分考虑对学生的文化素质培养和国际文化知识的传授"。明确了大学英语的教学内容除语言知识、语言技能之外，还包括人文情感、人文素养和人文理想的培育。这体现了将英语单单作为工具的学习转变为将英语作为素质教育组成部分的思想。

从大学英语教学大纲的不断修订中可以发现，随着基础英语教育的普及，高中毕业生的英语水平不断提高。不断开放的社会对大学生的英语能力提出了更高的要求。大学扩招之后，学生人数不断增加，给大学英语教学提出了挑战。大学英语教学目标不断改进，英语教学也从语言知识的传授和语言技能的操练逐渐转向强调文化的重要作用，重视文化在英语教学中的影响。希望能从文化的角度推进大学英语教学的改革，进一步改进课程设置和教学模式，在学生提高英语水平的同时，全面提高学生的综合文化素质。目前，中小学基础英语教学以语言知识的传授和语言技能的操练为主。为凸显与中学英语教学的区别，大学英语教学应更重视文化的影响。

二、大学英语教材中文化内容的分析

教材是大纲的产物和具体体现，表达了语言和学习的本质，提供了正确和适当使用语言的范例，提供了学习的激励因素，帮助组织教与学的过程。语言教材除了以上功能外，还具备为学生介绍其他国家和地区的文化，帮助学生更好地理解世界文化，帮助学生发展跨文化意识和能力等功能。外语教学中教材有以下多重作用：

（1）大纲（课本反映了已经制订的学习目标），作为展示内容的来源（口语和写作）。

（2）学习者练习活动和教习互动的来源，自主学习和自主完成任务的来源。

（3）学习者关于语法、词汇、语音的参考来源。

（4）激励课堂语言活动的来源和课堂活动理念的来源。

（5）对经验较缺乏、需要获得自信的教师的支持。教材能对教师教什么以及如何教产生相当大的影响，是向学生传授文化知识的有力指导工具，在教与学的过程中起着重要作用。

在文化教学方面，教材被视为最常用的教学资源，绝大多数教师在很大程度上依赖教材。在中国，英语教材中的文化相关内容是对学习者进行文化教学的良好资源之一。教材中的文化相关内容是文化学习和教学的关键，甚至是决定性的因素，因为它标志着学生在教室里可能获得的文化知识的类型和范围。

教材是目的语文化的载体之一，因为文化反映在其中。现在人们普遍认为，在第二语言或外语教材中应该包含目的语文化的元素。从文化的观点来看，外语教材在以下七个层面具有重要功能：

（1）教师（它包含的内容可以直接指导教师学习其他国家的文化）。

（2）地图（它是语言文化元素结构图的概论，可以告诉教师和学生还有哪些要学、已经学了哪些）。

（3）资源（它提供各种材料和活动，可以从中选择最适当和最有用的项目）。

（4）培训者（对无经验和未受训的教师提供解释和指导）。

（5）权威（它是专家编写的，是可信的、有效的）。

（6）降低技术要求（教师可以不用他们培训过的创造性的、解释性的、批判性的方法去使用材料，因为教材已经为他们准备好了）。

（7）思想方式（它反映了可能强加于教师和学生的世界观或文化体系，同时间接建构他们的文化观）。

在选择和评价教材时（对大学英语来说）需要考虑四个因素，即教材使用的环境（学校教育环境是在母语语言环境中）、学生（是正规在校学生）、教师（主要是中国籍教师，还要考虑年龄、性别、社会背景等）、课文（对与论文相关的内容来说，要看课文体现的是具体的文化内容还是普遍的文化内容，是以客观还是主观的方式呈现的文化内容，是将文化视为具体的文化内容的学习，还是将文化视为过程、关注文化能力的培养）。

更多的研究者意识到跨文化交际能力是外语教育的目的，因此教材中的文化相关内容对跨文化交际能力的培养极为重要，在文化内容上应该关注以下方面：

（1）社会身份和社会群体（社会阶级、地区身份、少数族群）。

（2）社会互动（群外人、群内人）。

（3）信仰和行为（道德、宗教信仰），定式和国民特性（国民的典型标志）。

（4）社会和政治制度（医疗、法律和秩序、社保、地方政府）。

（5）社会化和生活圈子（家庭、学校、就业）。

（6）国家历史（历史和当代事件被视为国民特性的标志）、国家地理。

教材中的文化内容应从四个方面去分析，包括微观层面（教材中人物的生活与活动，包括人物的社会背景、人物的态度和价值观等）、宏观层面（社会、政治、历史等文化内容）、国际性和跨文化层面（通过文化对比促使学习者对文化的国际问题进行思考）、教材作者自己的观点和风格。

教材的内容应该展现文化研究中的准确事实，与时俱进；尽量避免文化定式，展示真实画面；尽量避免材料中的意识形态倾向（不论是对外国还是学生自己所处的社会，都应让学生通过比较等方式质疑）；应该在结构的、功能的背景中展现出现象，而不是展示孤立的现实；展示历史材料时应清楚表明它对于理解当代社会的相关性，在通过人物展示历史时应表明他们的年代。

目前，全国重点高校大学英语普遍使用以下两套教材：

《新视野大学英语读写教程》，课文 80 篇，外语教学与研究出版社（2002 年）；

《全新版大学英语综合教程》，课文 64 篇，上海外语教育出版社（2010 年）。

这两套教材的 1~4 册适用于非英语专业的本科生。在大学的 1~2 年级共 4 个学期的英语教学，教材分为读写教程、听说教程。大学英语教学的主要任务是教授读写教程的内容。读写教程提供的课文即阅读内容、写作指导、翻译练习等，课文内容涉及目的语文化的各个方面，试图从课文的阅读和教学中对学生进行目的语文化的教育。听说教程作为辅助教材，主要用于听说技能的训练。

这两套教材共 144 篇课文，主要是向学生介绍目的语文化，而且多是美国各个方面的文化，缺乏关于社会阶级和少数族群的内容、道德和宗教信仰的内容、国民特性的内容、国家历史和国家地理方面的内容、医疗和社保的内容、法律和秩序的内容等。

这两套教材中的文化内容述及了文化的一些表象，未涉及文化的深层内核。由于缺少对目的语文化的深层结构的介绍，学生知其然，却不知其所以然。例如，对美国文化的介绍，《新视野大学英语读写教程》只在第 3 册第 4 单元《美国文化的五大象征》中介绍了自由女神像、芭比娃娃、"美国哥特式"画作、山姆大叔，缺乏对美国文化的深层解析；《全新版大学英语综合教程》的第 2 册第 2 单元介绍了美国前首富沃尔玛的老板萨姆·穆尔·沃尔顿朴素、低调的生活方式和美国中产阶级低调、简单的生活态度，也缺乏对表象之后的深层原因的挖掘。

　　《新视野大学英语读写教程》第1~4册共80篇课文，未注明作者和出处，只是在编写及使用说明中介绍了"课文绝大部分选自20世纪八九十年代出版的英美报刊书籍，也有21世纪刚刚问世的作品，为配合教学需要，对选材的部分内容进行了删改"。80篇课文没有一篇出自相对知名的作者作品或者经典作品。

　　《全新版大学英语综合教程》的64篇课文绝大部分摘录自报纸和杂志，作者多是报纸或杂志的记者、专栏作家、编辑，仅有霍金（科学家）、欧·亨利（短篇小说家）、韩素英（作家）等是比较有影响力的作者。虽然教材的题材广泛，科普、反映现实生活的内容占有一定比例，但总体上缺少比较著名的作家的作品和经典的作品。

　　古典文化及希腊罗马神话在世界文艺史，特别是在目的语国家近代文艺史上曾经发挥了重大作用。这一事实对目的语国家近代和现代文坛巨匠的选材倾向颇有影响。学生接触的两套教材中没有这一项内容，两套教材几乎没有涉及目的语文化的哲学经典文献和经典的文学作品，甚至连节选也没有，导致学生接触不到目的语文化的核心内容，对学生的相关发展很大的影响。

　　此外，这两套教材与美国文化相关的内容均占比很大，其他英语国家的相关内容选用较少，而过于突出美国文化容易造成学生对目的语文化在理解上的偏差。

　　《新视野大学英语读写教程》第1册第9单元B中提到学习汉语；第2册第3单元B写的是华裔美国人生活中外籍女婿见华人丈母娘的故事，第9单元B写的是华裔在美国经过艰苦磨炼而获得成功；第3册第6单元A中有一句话提到中国古代就积累了一些地震预测经验；第4册第3单元B中仅用一句话提到一个中国人，第4单元A中仅有一句话提到中国的电信发展。在80篇文章中，只有 6 篇文章提到中国，其中 4 篇文章仅有一句话涉及中国，两篇文章是华裔美国人的生活经历。与中国人生活相关的、与中国文化相关的文章，可以说是没有。

《全新版大学英语综合教程》第 2 册第 1 单元 A 是一个美国教授所写的对比中美教育方式的文章；第 4 册第 3 单元 B 是英籍华裔知名女作家韩素英的自传，回忆她 15 岁在中国求职的经历。在 64 篇文章中，共有两篇文章涉及中国，其中一篇出自美国人之手，另一篇也不完全是中国人的生活写照，教材中几乎没有涉及中国文化的文章。

综上所述，这两套教材中涉及的目的语国家的文化，基本上是文化的表象，较少涉及文化的核心内容，如价值观、宗教信仰等。课文内容的选择基本以当代的报纸、杂志上的文章为主，几乎没有涉及目的语国家的经典文献和知名学者。教材的内容也很少涉及目的语国家文化的历史传承，且涉及的目的语国家多为美国。在教材中，几乎没有涉及中国文化的内容。

三、大学英语教学研究的重点

在结构语言学的影响下，教师一般更关注语言知识的传授。"语法翻译教学法"和"听说法"，一直是英语教学的主流，将培养学生的听、说、读、写、译基本语言技能看成教学目的，而文化因素一直被忽略，被当作语言专业（如英语专业、日语专业）的教学内容，导致英语学习者缺乏交际能力。

20 世纪 90 年代初，外语教学界，尤其是英语教学界对文化教学从宏观到微观进行了较全面的研究和探索，围绕语言教学与文化教学的关系，提出从属、并行和融入三种结合方式，其共识就是语言教学中要教文化。关于文化教学的方法与原则，有过四种观点，即文化导入说、文化揭示说、文化融合说和文化语言有机化合说，其中影响较大的是"文化导入说"（提出文化导入有四种方法：直接阐释法、交互融合法、交际实践法和异同比较法）以及"文化揭示说"（主张在教学中揭示那些隐含在语言系统中的能反映一个民族价值观念、是非标准、社会习俗、心理状态、思维方式、审美情趣等的文化因素）。在对文化的认识上，区分了表层文化（风俗、习惯、生活方式）和深层文化（价值观、宗教、态度），从微观层面，也就是内容、原则、方法上，对介绍目的语文化提出了意见；对讲授有文化内涵的词语、文化相关的内容、提高交际能力的课堂活动等方面的外语教学提出了建议。随着对文化教学研究的深入，一些学者开始关注教学大纲与教材编写，提议选择语言和社会文化的输入以及在外语教学中将两者融合，并对大纲、教材、课堂教学提出建议。

20 世纪 90 年代后期至今，是外语教学界发展文化教学的阶段，提出了语言和文化创造力的观点。其指出语言和文化的学习有助于创造力和个性的提升，认为语言教学和文化教学对于学习者的整体提升、人格完善有重要作用，而不仅仅是让学习者将外语当作一种工具来掌握。这种观点指出，英语文化教学中要注意两个层次：文化知识层次与文化理解层次。开始阶段是文化知识层次，到高级阶段就是文化理解层次，这一层次提出了文化教学的方法，如文化旁白、同化法、文化包、文化丛等。

大量的研究和实践集中在如何教授文化、如何培养学习者的跨文化交际能力、文化教学对外语教学的必要性这几个方面。其中的研究热点就是如何将目的语文化的内容添加到语言课程中。这种方法更多的是知识取向，强调文化知识的传授。例如，"文化导入"的说法很流行，将文化视为外在的东西，需要被导入语言教学。

目前，大学英语教学的研究集中于文化教学的"教学"方面，即如何进行文化教学，如何讲授文化，如何提高学生的跨文化交际能力，而没有研究大学英语教学的"文化"方面，如表层文化与深层文化、文化定式与偏见、文化的历史与关联等方面。

四、大学英语教学的现状

改革开放以来，大学英语教学在几十年的发展过程中取得了巨大的成绩，越来越为国人所重视。但是，我国大学英语教学在快速发展的同时，也存在着许多问题和弊端，只有清楚地认识到这些问题和弊端，充分地了解英语教学的现状，才能有针对性地加以解决，切实提高英语教学的质量。

（一）教学模式传统、单一

受教学大纲的影响，大学英语教学模式传统、单一，降低了学生的学习兴趣和学习主动性。虽然，近年来英语教学也在不断努力寻找各种新型的教学模式，但难以避免传统教学模式的影响，大多数学生空有语言知识，而不会学以致用。这样培养出来的学生不仅和教学大纲提出的培养目标相背离，而且会被社会淘汰。

在我国的大学英语教学中，教师过分重视英语基础语言知识的传授，而忽视了大学英语教学的人文价值。近年来，尽管英语教学理论研究强调"以学生为中心"，着力寻找各种新型教学模式、教学手段，在一定程度上有利于促进英语教学的发展，但是没有从根本上转变"以教师为中心"的传统教学观念。许多英语教师虽然使用新的教学手段，但仍旧是逐字逐句地讲解课文，试图清楚地讲解每个单词、每个知识点，有时甚至沿用语法翻译法，学生仍然被动地接受教师所传授的知识，极少获得语言实践机会。

（二）过分重视应试能力

英语是我国学校教育中历时最长、学时最多的一门学科。从小学到博士，学生们一直投入大量的精力去学习英语。在大学英语教学中，四、六级考试上，虽然四、六级考试的设置为提高大学生的英语水平和英语能力作出了很大贡献，推动了我国英语教育的发展，但是，四、六级考试主要是考查学生对英语单词、语法等的掌握程度，将选择题作为标准化的测试方法，将四、六级通过率的高低作为评价教师和学生的一个重要标准，在某种程度上助长了应试教育的风气。另外，为了通过这一考试，学生在英语学习过程中追求的是标准的、唯一的答案，并认为课堂讨论、交流无法提供准确的答案，继而从心理上排斥交际活动，过度地依赖教师的讲解，从而逐渐丧失思考及创新的能力，致使学生掌握了很强的应试技巧，交际素质却不高。

（三）缺乏科学的教学方法和忽视学生的主体作用

随着社会的发展，社会对外语人才的需求会有所变化。因此，学校培养外语人才的模式会有所变化，而教师的教学方法也应该有所改变。但是，目前我国大多数高等院校仍然以黑板、粉笔、书、教师加课堂的方式进行英语教学。虽然近年来多媒体技术逐步应用到大学英语教学中，但总的英语教学模式变化不大。

长期以来，现代大学英语沿用的是以教师为中心的原则，即教师是教学的主体，这固然是没错的，但是在教师充当主体作用的范围之内，也不能完全忽视学生的主体作用，教师和学生应该共同处于主体地位。在实际的课堂教学之中，教师会提前认真备课，然后在课上将提前准备的内容灌输给学生，因此教师的讲解就占去了学生的大部分时间，也就无法给学生提供大量的实践机会，使学生成了语言知识的消极接受者。事实上，英语学习的首要任务是学习而不是教学，著名的语言学家科德（Corder）曾经说过这样一句话："有效的语言教学不应该违背自然过程，而应该适应自然过程；不应该阻碍学习，而是应该有助于学习并促进学习；不能令学生去适应教师和教材，而应该让教师和教材去适应学生。"[①] 另外，著名学者约翰逊（Johnson）也曾指出，教师可以提供帮助、提出建议和进行教学，但只有学习者决定是否学习。两位学者的建议其实都是为了使学生成为大学英语教学中积极主动的接受者和实践者。

英语是一门很注重实践的学科，其语言知识技能需要通过个人的实践来培养和提高。英语的教学效果应该以学生的学习效果为依据，而这里所说的学生的学习效果在很大程度上取决于学生的参与性和主观能动性。认知语言学认为，英语学习的过程其实是不断结合新的语言知识的过程，也是将语言能力从理论知识过渡为自动应用能力的过程，而其间的结合和过渡都必须通过学生自身的实践活动才能实现和延伸。

综上所述，课堂教学必须发挥学生的主体作用，但是并不意味着要抹杀教师的作用。教师应该在教学活动中充分调动学生的积极性，运用有效的技巧和策略来组织以学生为中心的课堂活动，使整个课堂活动生动活泼。同时，教师应该发现学生学习中的某些困难，及时为他们排忧解难，努力使自己成为学生学习的引路人。换句话说，教师应该起到管理者、组织者、合作者、鼓励者及解惑者的作用。这样就避免了现代大学英语教学中以教师为中心的模式培养出来的学生形成被动性、盲目性、依赖性及机械性的特点，使学生成为学习的真正主人。

（四）英语教材陈旧落后

教材是教师教授课程的重要工具，一般情况下，教师都是根据教材的编排

---

① 李庆慧：《更新教育理念，促进学生成长》，《新校园（上月刊）》2010年第7期。

安排课堂教学，教材决定了教学内容和教学方向。然而，现在的大学英语教材十几年都没有变化，陈旧落后的教材根本跟不上时代的变化，而且与社会严重脱节，这种忽视实用性的教材直接导致教学内容陈旧，影响了学生英语水平的提升。同时，落后的教材也与学生的实际生活相差甚远，导致学生对学习英语缺乏兴趣。由此可见，设计出满足我国学生学习需求与教师教学需求的教材，是我国大学英语教学的当务之急。

另外，我国英语教材编写受到大纲所附词汇的限制。具体来说，现在的大学英语词汇表是对原理工科本科用和文理科本科用的两份大纲一至四级词汇进行调整后所产生的新词汇表，但是这一新词汇表并没有充分考虑到学生离开学校后吸收先进科技信息、阅读和参与对外交流的需要。现有的适用于各专业的"共核语言"仍在低层次上重复。相比之下，同样是非英语国家的日本、俄罗斯等，对学生英语要求的词汇量则要大得多。此外，在《大学英语教学大纲》要求掌握的 4200 个单词中，事实上有 1800 个是重复中学词汇。

新的词汇表是选择英语教学内容和编写教材的依据，是英语教学的"联络图"。大学英语教学的词汇表应根据我国目前的基本国情并针对我国现代大学生学习英语的主要目的进行编制，其所收录的词汇相对于中学词汇应该是全新的，至少在释义上要在中学词汇表的基础上有所延伸和拓展。此外，我国当前大学生学习英语的主要目的应该是满足及时了解国外最先进的科技信息以及参与对外交流的需要，这就要求大学英语教学内容不应仅仅考虑选择传统的经典名篇，还应从人文和科学这两个层面来充实现代英语的内容。

（五）师资力量匮乏

师资力量匮乏成了目前我国大学英语教学中一个亟待解决的问题，英语教师作为英语教学的主导者，是影响整个教学效果的直接因素。

蔡基刚教授在 2002 年将十所重点大学（清华大学、北京大学、复旦大学、上海交通大学、中国人民大学、南京大学、中国科学技术大学、浙江大学、厦门大学、武汉大学）与其他 331 所取样学校进行了对比，研究发现大学的英语师资力量是极其不平衡的，而且随着我国高等院校扩招，大学英语教师的数量也变得越来越不能满足社会发展的需要。

（六）忽视文化教育的重要性

文化与语言是相互影响、相互制约的。语言是用来传承文化、记录文化及反映文化的，如果某一民族在发展中失去了自己的语言，虽然其文化可以用其他语言进行记录，但是文化中的大部分内容也会随着语言的消失而逐渐消失。可见，语言是文化的重要组成要素。反过来说，文化也会影响语言的发展，文化的动态性会导致词汇、语法的变化，文化可以创造词汇、语法，同时这些词汇、语法也记录了当时的文化，并且能够反映当时的文化特征。总之，文化影响语言的结构和含义。英语教学的任务不仅是培养学生的语言能力，而且必须培养学生的社会文化能力，使学生成为跨语言、跨文化交际的人才。在现代大学英语教学之中，文化被认为是语言传递的信息，这并不是语言本身所应该具有的特征，因此文化被认为是与语言脱离的教育目标。在这种教育思想的引导之下，出现了重视培养语言能力而忽视文化素质的现象，导致学生对文化知识的学习受到了限制，进而导致交往中文化障碍的出现。

（七）没有充分运用多媒体技术

在传统的大学英语教学中，教师、学生、教材、教学方法、教学环境与教学媒体是实施教学的基本要素，教师主宰和控制着其他要素。在课堂教学中，教材几乎是教师唯一的教学辅导，课堂中缺乏有效的教学辅助手段，教材的利用率不高，静态的教材难以激发学生的学习热情和兴趣，致使教学效果较低。

随着科技的发展，教学媒体逐渐运用于大学英语教学中，促进了英语教学的发展。

近年来，多媒体课件逐渐被用于辅助大学英语教学，使教师和学生在教学活动中的角色发生了重大变化。在多媒体教学课堂中，有了精心制作的、交互式的多媒体课件，教师便有更多的时间和精力引导学生正确参与交互活动，观察和监督学生，对学生学习过程中遇到的问题给予建议，还可以根据学生在多媒体课堂上的活动参与情况及师生间的交流对学生给予评价，更好地激发学生的学习兴趣。利用多媒体教学，可以利用音频、视频系统将教学内容和音、文、声、像结合起来，在教室的任何一个角落，学生都能够听清楚、看清楚教学内容，都有机会参与到课堂活动中，他们的注意力也会集中于课堂活动。总之，多媒体教学不仅使教师的角色从课堂讲授者转化为课堂引导者、监督者和评估者，也使学生的角色由知识的被动接受者转化为语言知识的主动运用者、实践者。但是，在我国大学英语的实际教学中，只有部分学校能够实现多媒体教学，很多学校仍由于教学设施简陋而无法实施多媒体教学。即使是实施多媒体教学的学校，英语教师也没有充分利用多媒体教学的优点，多媒体的运用只是流于形式，没有达到提高教学效果的目的。因此，改革教学手段和技术任重道远。

第二章　教学改革背景下的大学英语多媒体与网络教学

如今是一个信息技术高速发展的时代，多媒体技术与网络在大学英语教学中的应用是大势所趋，也逐渐得到普及。本章主要从大学英语的多媒体教学和网络教学两个方面展开阐述，并分别介绍了两种教学模式的优势、特点及发展问题，提出了相应的解决策略，这都为后续教学效果的提升奠定了基础。

第一节　大学英语多媒体教学

随着多媒体教学在大学英语教学中的应用越来越广泛，与其有关的一些问题也逐渐凸显。以下就针对多媒体教学所涉及的内容逐一阐述。

一、大学英语多媒体教学的特点

（一）资源的共享性

由于多媒体技术的支持，大学英语教学过程中的信息资源基本上可以实现向数字化转化，这就代表着这些资源是可以共享的。就像一些英语教材的发行商为了提高自身教材的知名度和发行量而在网上设立了自己的网站，然后定期对网站内容进行更新。这些网站所采用的内容主要有与教材匹配的电子教案和一些有关英语教师的实际教学经验的分享与交流，这些都可以免费下载，实现了资源的共享。这在一定程度上减轻了某些英语教师的教学负担。教师不但可以向其他优秀的英语教师学习经验，还可以将更多的时间用在提高教学质量上，实现和学生之间的良好互动，可谓一举多得。

（二）信息处理的集成性

在多媒体技术还没有出现以前，人们获取知识的途径是通过教师的课堂行为对教材内容进行传输，学生通过阅读和教师的讲解来学习知识，这主要涉及学生视觉和听觉两个方面的感官运动，对于其他感官功能的调动还不够充分。从这个角度来说，这种方式对学生提高英语的综合能力是非常不利的。

多媒体技术的出现并应用于英语教学就是将单一的课本知识统一整合成一种集文字、图形、音频、视频为一体的多功能载体，从而可以在同一时间刺激学生的多种感官。这样一来，学生在接收到多媒体课件内容的刺激后，可以通过眼睛、耳朵、嘴巴的共同反应对接收到的信息进行统一处理，然后传达给大脑，最后在大脑的综合处理下来获得相对完整和科学的信息。这种综合性的信息处理方式不仅使人们相对轻松了，而且增加了趣味性，提高了学生的学习兴趣，对学生的综合语言技能的提升起到了一定的辅助作用。

（三）信息媒体的多样性

人类感知外界的刺激基本上是通过自身的一些器官的感知来获得的，其中视觉所占的比重是最高的，达到了 70%~80%，而听觉占 10% 左右。由此可见，人类还是主要通过视觉来获取大部分信息的，通过嗅觉、触觉和味觉的共同作用获取的信息也占到总信息获取量的 10% 左右。多媒体技术的出现和在大学英语课堂的应用调动和刺激的正是学生的多种感官，这样可帮助学生全面感受和认识接收到的信息，然后给出综合性的反馈。

另外，信息媒体的多样性对学生的学习效率的提高也有非常明显的促进作用。在英语学习过程中，一个非常重要的环节就是需要及时对新接收到的知识进行强化理解，以便掌握得更牢固一些。计算机的强大运算能力可在很短的时间内将对学生有用的信息充分汇总，然后对教师和学生的教学和学习过程实施监控，针对反馈对教学策略和学习过程做出迅速整合，以配合学生的学习进度，提高学生的学习效率。

（四）学习过程的互动性

总体来说，我们可以将多媒体教学的教学过程理解为教师与学生的一个有效互动过程。只不过这里的互动性具有了更加宏观的意义，那就是教师和学生的行为活动都被看成一种媒体活动而被纳入到信息的传播过程中。这样一来，大家都可以参与到这个过程中去，然后参与其中的每个人都可以对信息进行控制、编辑和传递，从而实现互动性。

互动性的作用也体现在可以帮助学生在获取和使用信息的过程中将自身的主观能动性充分调动起来，以实现对知识的全面深层次的了解。一般来说，传统的英语教学方式都是采用以教师为中心的单向知识传递，所以在有限的课堂教学时间内，英语教师向外传递信息的程度受到了很大限制。再加上学生本来就不是一个统一体，但是教师的授课内容却是一致的，这就导致只有需要的学生才会去主动接收知识的信号，而那些对此不感兴趣或是觉得没有需求的学生则会主动避开。

这就对英语教师提出了更高的要求，他们应在实施多媒体教学的过程中根据实际要求和需要对所教学的语言顺序进行有效调整和句型转换，以便照顾到大多数学生的学习进度。另外，学生也可以主动对感兴趣的或想要进行探索的知识进行检索，这就相应提高了他们主动求知的意识。

二、大学英语多媒体教学的模式

（一）集体教学模式

从整体来看，集体教学模式与传统教学模式有很大的相似性，其区别就是集体教学模式需要在多媒体技术的帮助下利用课下的时间进行备课，然后通过多媒体设备将备课资料以更加立体的形式呈现出来。

此外，集体教学模式与传统课堂教学模式的相似性还体现在依然需要教师在特定容量的教室内对学生进行讲解和传授，而且是主要形式。在这样的过程中，教师依然占据了教学关系中的主体位置，多媒体的教学功能仍处于辅助位置，这其实背离了高校开展多媒体教学的初衷。

当然，为了和传统教学模式进行区分，以调动学生的学习兴趣，需要教师在使用这一教学模式时单独使用某一个多媒体资料。例如，将幻灯片、音频或者视频等制作成小影片，将英语教学内容呈现出来。这种教学方式一定程度上削弱了教师的主体地位，而学生通过影片的内容使感官受到了刺激，在大脑内形成了认知，这相对于传统的教师授课模式又提升了教学深度，而且在一定程度上减少了教师人力方面的投入，在提高教学质量的同时也提高了教学效率。

另外，教师如果想在多媒体的辅助下开展集体教学并且达到调动学生积极性的目的，那么他们在教学过程中就可以将整体的多媒体技术进行分解，只利用其中的某一个功能，如可以单独使用有增强视觉冲击效果的幻灯片和视频材料，或者是能给人带来听觉享受的音频资源，这些都是可以单独使用的。需要注意的是，虽然这种模式依然需要在教师的指导下进行，但是却基本上摆脱了以教师讲解为主的形式，教师的主要作用是利用这些材料来引导和激发学生的自主学习兴趣，这相对于传统的课堂讲解模式来说趣味性就高了很多。从学生的角度来说，英语学习不再是枯燥乏味的，从而更愿意主动学习。从教师的角度来说，其不仅使教学内容更有层次感，而且降低了教师的教学成本，教学效率相应提升，最终教学效果的实现也就指日可待了。

（二）个别化教学模式

个别化教学模式从某个角度来说是在向因材施教策略靠拢和学习，其宗旨都是从学生的角度出发制定不同的差异化教学策略。教师在进行英语教学的过程中，要始终将学生放在中心位置，然后按照每个学生的特点、兴趣和学习进度的差异制订有针对性的教学目标和教学内容。只有从每个学生的实际情况出发，制定符合他们自身发展的学习策略，才能使他们的综合能力得到相应的提升。统一的教学模式只会让能力强一些的学生觉得是在学习简单的内容而浪费了时间，而对于那些能力较弱的学生来说，教学内容过于复杂了，学习起来有些吃力。这就导致了整体教学效果不理想。

教师在使用个别教学模式进行教学时，需要从学生的实际需要出发，以学生为中心，切实考虑到学生的实际需求，这样制作的学习计划和提供的教学资料才不会偏离主题。同时，教师还可以在整个教学过程中针对学生提出的有关问题及时给予反馈和指导。此外，教师还要对学生的整个学习过程起到有效监督的作用。例如，在某些个别化的教学模式的指导下，学生将有更大的自主性，根据自己的能力水平选择适合自己的英语教材，也可以利用学校的网上图书馆查询所需要的英语资料，或者是通过电子邮件将自己的作业和学习中的疑问提交给教师，然后等待教师的回复和答疑。

（三）支架式教学模式

支架式教学模式向我们提出了一种全新的理论。这一模式认为学生所获得的知识并非通过教师的课堂教授获得的，而是在学校所提供的多媒体资料和所处英语环境的共同作用下形成的一种意识上的建构方式，这一观点打破了我们以往对教师知识传授者身份的认知。

支架式教学模式的出现对教师来说又是一次考验。首先，教师在使用支架式教学模式之前需要在学生的认识体系还没有完全建立的时候就构建出一种与知识结构相关的框架，然后以此为基础在一定的原则的指导下一步一步实施。但是无论教师采用何种教学模式，其目的都是一样的，都是提升学生的学习效率。总之，如果教师想要在实际教学过程中采用这一教学模式，可以从以下五个步骤着手：

1. 知识框架的构成

这对整个支架式教学模式来说是第一个步骤，这一环节对教师的要求还不算太高，教师只需要在一定的教学要求的前提下制订出相关的教学计划即可。需要注意的是，在这一过程中，教师要特别做好其中所涉及的各个教学因素之间的协调，以使教学过程顺利开展下去。

2. 进入问题情境

问题情境的创建有很多种方式，在这一环节中，教师可以最大限度地使用多媒体技术所提供的高效内容，还可以在现有资料的基础上为学生构建一个与真实语言环境类似的场景，最后再根据所处的环境设置一些与之匹配的问题。需要注意的是，在这一环节中要特别将学生的思考与视听感官结合起来，以促进学生自主性学习习惯的形成。

3. 学生独立探索

经过前一环节的问题情境的设置，教师便可以引导学生逐渐向问题的解决方向靠拢，并从旁协助。刚开始，学生可以在教师的引导下逐渐得到启发，一步步趋向于正确的方向。但是随着探索次数的增加，教师的辅助作用就要相应地减少，学生也会逐渐适应这样的自主探索方式并游刃有余地使用知识框架。

4. 组内协作学习

经过前面环节的铺垫以后，教学重点就可以逐渐倾向学习层面了。在这一阶段，教师可以将学生按照一定的人数分成不同的小组，为后面的学习的展开打好基础。学生要做的就是小组内的不同成员需要根据所获得的信息进行讨论，然后在商讨的基础上对最后的结果做一个全面总结和陈述。其实进行到这一步骤，关于内容上的建构已经基本完成了。

5. 教学效果评价

这一环节是整个支架式教学模式的最后一个步骤。其实，对教学效果展开评价是一个复杂的过程，这个过程中的评价包括三部分，即教师对学生的学习效果的评价、生生互评及学生的自我评价。教学评价从内容上来说也是非常丰富的，教师可以对在学习过程中取得较大进步的学生进行表扬，也可以根据学生在整个模式建构过程中所作出的贡献给予中肯的评价。

三、大学英语多媒体教学的原则

（一）以学生为中心原则

教学模式革新首先要做的就是师生在整个教学过程中地位的确立。众所周知，任何语言的习得都非一朝一夕之功，需要经过时间和实践的双重积累，而且学生是这一实践过程中的主体部分。因此，英语多媒体教学实践中始终要将学生的中心地位体现出来，从而促进学习活动的顺利进行。作为教师，在开展多媒体英语教学时还需要特别注意调动学生的自主性学习意识，自动建立起学习的意识，然后按照自身的情况对学习的整个过程进行把控，在学习的过程中遇到自己无法解决的难题时可以向教师或者其他学生请教，甚至可以通过网络自己查找解决方案。

在这里学生向教师或者其他同学请教的方式可以是通过电子邮件的形式，也可以是在班级里组建论坛展开讨论。仅仅是这样一个过程，学生的自主操作能力就能得到相应提升。这一过程还能实现学生主体学习地位的进一步巩固。

（二）以情感与合作学习为原则

情感因素的内容是很丰富的，常见的主要有兴趣、动机、态度和注意力四个方面，这些因素都会对学生的最终学习效果产生一定的影响，产生哪方面的影响则主要取决于情感因素的积极方面和消极方面。对于学生来说，积极方面的情感因素是对教学过程的正向促进，而消极方面的情感因素的作用则相反。另外，英语教学过程中采用的多媒体教学方式本身就具有丰富性和生动性的优点，因此对于学生学习兴趣的激发是很有效果的。此外，由于一直受到传统英语教学模式的影响，多媒体教学对于我们来说就是一种前所未有的新颖模式，而且与当前的学生要求和需要不谋而合，避免了传统英语教学模式的一些弊端，以一种新颖的方式将课本内容立体地展示在学生面前，使教学过程变得简单有效。

需要注意的是，凡事都需要有一个度，超过这个度就有可能产生相反的作用。因此，教师在进行英语教学的过程中使用多媒体和网络的时候也要注意把握好分寸，如果过分放大多媒体的使用功能就会产生依赖性。时间长了，甚至会影响师生间的沟通和交流，学生还可能对英语学习产生一定的抵触心理。

（三）情境与交际性原则

语言的学习从某种角度来说和学习者所在的社会文化背景有着密切联系，这就从侧面说明了社会文化背景影响着学习者语言的习得。虽然对社会文化的熟知不是短时间内就可以实现的，但是我们可以从它的一些外化的实际情境中窥探一二。此外，现实中的语言情境在一定程度上还可以促进学生联想性思维的产生和发展，使他们在原有经验和知识的基础上产生探索新知识的渴望。这样新旧知识之间就有了连接的桥梁，旧的知识可以发展出新的知识，新的知识也有旧知识的内涵。英语教学的最终目标就是实现学生英语综合运用能力的提升。如果想要尽可能实现这一目标，还需要学生在日常的相对真实的教学环境和情境中，在所学知识的基础上深化听、说、读、写、译的使用技能。

目前，我国的英语教学过程使用多媒体技术的范围越来越广泛，而且多媒体技术的先进技术特性为大学英语教学提供了相对接近真实语言场景的机会，以保证英语交际活动的顺利进行。但是，在英语教学的过程中设计有关英语文化知识的场景是必然的，因此教师在进行授课的过程中还需要注意让学生建立起跨文化学习的意识。大学英语多媒体教学活动在很大程度上是以网络环境为基础的，因此在实际教学过程中要将多媒体教学的优势充分发挥出来，以便在语言教学场景中培养学生的跨文化意识，使其成为日后跨文化交际的坚强后盾。

（四）目的性原则

说到底，英语教师应该采用什么样的方法来实施教学受到很多因素的共同制约，其中不仅受教师自身的学习观和语言观的影响，还受教学目的的制约。如果一开始教师所设定的教学目的存在一定差异，那么最终所使用的教学方法也会随实际情况而变动。因此，多媒体教学必须遵循目的性原则。

英语教师在实施多媒体教学以前，首先要做的就是在心中树立一个明确的教学目标。从小的角度来说，就是英语教师需要具体到每一节课来设定具体的教学目标，然后以此来选择相应的教学内容和教学方法。总之，无论教师怎样进行教学都不可以脱离教学大纲的指导和要求，但是要特别注意及时对教学内容进行筛减和补充，将多媒体教学的优势充分体现出来，促使学生学习效果的提升和最终教学目标的实现。

（五）系统性与最优化原则

在教学过程中采用系统性原则主要是为了最终的教学优化的实现，这就要求教师在进行多媒体教学的时候要受到系统性与最优原则的共同约束。

四、大学英语多媒体教学的优势

（一）能够实现以学生为中心

多媒体教学的产生在很大程度上帮助英语教师为学生提供了一个相对真实的英语学习情境，在这样的学习情境中，学生掌握了最大的主观能动性并得以释放。在这里学生处于学习的主体位置，他们不再只是被动接受教师所传授的内容，而是可以主动选择学习材料和把控整个学习过程，对学习进度实施有效监控。从这个角度来理解，我们认为多媒体教学形式是与社会趋势和当前学生的需求相匹配的，最大限度地体现了以学生为主体的教学概念，这对学生主动进行英语学习是非常有效的。

（二）能够激发学生的学习兴趣

大学英语多媒体教学形式是一种综合性很强的方式，在开展教学的过程中可以最大限度地调动学生的感官使其做出反应。这种方式让原本枯燥的单纯性知识灌输变成了相对生动和活泼的学生自主性学习过程，也在一定程度上也提高了学生对英语的学习热情。

另外，通过多媒体的方式进行教学，在音频和视频教学的共同作用下，使学生的预感能力也得到了明显提升。

（三）能够打破时空限制

传统的英语教学方式是教师采取统一的课堂授课形式，但是由于教室的空间限制，学生数量受到了一定的限制，人数通常不会太多。此外，每个学生的基础水平和接受能力也是有差异的，这就导致教学效果也是不同的，每节课又有一定的时间限制，教师不可能做到对每个学生进行指导，只能在有限的教室空间和上课时间的共同制约下对各水平阶段的学生实施统一教学。

多媒体形式的英语教学方式的出现，在一定程度上打破了这种时空上的限制，学生不仅可以充分利用课堂上的有限时间进行英语学习，更可以利用闲暇在具备条件的情况下使用多媒体软件进行学习，对于那些在课堂上没有弄明白的地方进行反复研究。另外，英语教师还可以利用多媒体软件向学生提供不同的学习资料，让学生实现随时随地的学习。这一过程促进了学生综合分析能力和问题解决能力的提升。

（四）能够增加课堂信息量

在传统英语教学模式中，学生大都是通过教师的课堂授课获取知识，但教学大纲的要求又导致了教学内容大都以应试为目的，再加上课堂时间有限和课本内容更新不及时等因素，导致了传统教学模式所取得的教学效果并不是特别理想。采用多媒体英语教学方式所提供的教学内容在很大程度上满足了学生的学习需求，促进了学生多重感官的共同作用，使得英语教学的内容一下子变得丰富起来，教学效果得以显著提升。

再加上在传统的英语教学活动中，就算教师花费大量的时间和精力在课堂上向学生进行知识的传输，学生所接收到的信息量也是非常有限的。这种情况下采用集各种方法于一体的多媒体教学方式可以以一种最直观的方式将课本内容立体地展示在学生的面前，其所包含的信息量与传统课堂授课模式相比也有了很大提升。

　　总体来说，多媒体教学模式节省了时间，课堂传输的信息量却相应增加，这些都对提高英语教学效果起到了促进作用。因此，采用多媒体教学方式进行英语教学的优势是传统教学模式不可比的。

（五）使课堂环境得以优化

　　在传统英语课堂教学过程中，由于教室的座位安排不是统一的，有前后和中间、两边的区分，教师在平时的授课过程中如果语速和音调只适合近处的学生，那些座位相对离得远的学生就很难听清楚教师的讲话内容，从而不理解教学内容，长此以往，学生的学习兴趣就会大打折扣，进而逐渐失去学习的兴趣。

　　在进行多媒体教学的过程中，一些技术设备的支持使得每个学生无论坐在教室的任何角落，都可以听清楚教师所讲的内容。这得益于多媒体教学中的音频与视频功能，这在一些大班的英语教学过程中可以弥补一些传统英语课堂活动的不足之处，使学生对整个教学活动的接受程度提高。

五、多媒体英语教学的前景

（一）多媒体英语教学日常化

　　目前，科学技术和信息技术在快速发展，而多媒体技术的应用也日益成熟，可以共享的网络资源数量的增长也为多媒体的日常化教学提供了基础支持。

　　我们可以对其进行大胆设想，未来的大学英语教师的授课完全使用多媒体技术来实现也是很有可能的，多媒体教学内容完全可以满足教学大纲的要求和学生的兴趣，从而达到一种无纸化的英语教学境界。这时候的多媒体教学对于大学师生来说就是一种极为普通的教学手段了。需要注意的是，多媒体在英语教学过程中可以扮演各种不同的角色，从而使多媒体英语教学过程更加饱满。

（二）英语多媒体教学软件应用更广

大学英语之所以采用多媒体形式进行教学，其主要的原因取决于基于这一技术所开发的语言识别系统，这一技术让学生体验到的是一种与现实极为接近的情境，这是从未在以往的教学模式中享受到的，也是学生愿意接受的。随着多媒体技术在大学英语教学中的应用不断深入，其所依托的各类软件越来越丰富，功能也更加齐全，这也意味着多媒体软件的适用领域将会更为广阔，对于学生来说也意味着自主性学习和学习兴趣的提升。

多媒体教学方式所带来的教学上的优势是大家有目共睹的，教学软件因其高效、方便的特点为大学英语教师的教学和学生的学习过程带来了很大的改进，尤其是其所提供的多样的学习信息使英语教学过程更加有趣。随着我国高校对师资力量的建设力度和投入力度的加强，多媒体教学在英语教学过程中的应用也会越来越普遍，而与多媒体软件制作相关的人员将会成为社会急需型人才。

第二节　大学英语网络教学

在信息时代，大学生的整体学习意识还是比较强的，知道为将来走入社会、走向工作岗位积累学识和经验，想把大学的学习当成未来谋生的资本和进步的跳板。信息时代的大学生普遍认为学习是一个充实自己、改变命运的过程，是应对知识经济时代的人才竞争的必要手段。他们认为，要想在这样一个机遇与挑战并存的高速发展的时代生存和发展必须有扎实的、充足的基础知识，必须通过学习努力提升自己的综合能力与素质。身处网络信息时代的大学生有这样的积极向上的学习观是难能可贵的。所以从教师的角度来说，展开科学的网络教学也是同样重要的。

一、大学英语网络教学的优势

从我国基础教育的现状来看，网络教学虽然优势明显，而且在一些地区开始进行示范性教育，但是在短时间内完全取代传统教学模式还是存在一定困难的。不过我们要认清的是这是一个趋势，教师借助网络教学的实际应用，从而摒弃原来落后的教育观念，树立全新的认知，并且将网络化思维运用于日常教学中，这在提升教师素养的同时也使得学生的学习兴趣有所提高，有利于收到满意的教学效果。大学英语网络教学的具体优势我们可以从以下六个方面来进行阐述。

（一）促进教学资源开放性的提升

所谓教学资源开放性主要是通过可利用范围和内涵范围两个概念来界定的，只有这两个方面的内容同时得到延伸和拓宽，开放性才可以实现。在这一性质的影响下，教育资源得到扩展，不再局限于书本、教材和课件，各种教育网站、电子书刊、虚拟图书馆、新闻组等都成了教学资源的资源宝库。英语可以说是互联网上使用最广泛的语种，因此浏览英语网站也可以看成学习英语的一个重要过程。

（二）教学环境虚拟化

网络相对于现实的世界来说其实可以理解为一个虚拟的时空，在这个虚拟环境下，很多物体都可以被虚拟化，如教室、实验室、校园、图书馆等，在这个以计算机网络为基础建立起来的虚拟空间内学习，从另一个角度来说也使传统的单向性的师生关系得以改变。

（三）网络资源库的合理利用

在传统教学方式中，因为各地区的经济条件、师资力量和重视程度等方面存在的差异，有些地区的教学资源相对匮乏。在网络相对发达的今天，师生只要在网络环境下进行简单的操作就可以从网络上获得对自己有用的资料。只不过如果想要使网络资源的效用得到最大限度的发挥，其有效性不可忽视。

另外，还要对教学资源进行有效整合，使校园网的教学资源库得到发展，这些都是实施网络教学的必要前提。网络媒体之所以有利于传统教学方式，主要是通过教师的教学方法与教学策略的改变体现的。教师可以通过超链接的形式将所用到的信息进行有效整合，并提供一套合理的、具有导航作用的学习系统，其导航作用主要体现在学生可以阅览参考书目、资源检索等方面。对于教师来说，在实施网络教学的时候还要提前进行充分的准备，包括建立一套相对完备的多媒体网络课件，以供学生进行参考与使用。此外，作为教师还有一项重要的工作，就是根据所在学校和学生的实际情况，建立一套与之相适应的教学资源应用库，以免造成重复建设和教学资源的浪费。

（四）网络资源实现共享

这一方式一方面避免了学生由于没有明确目标而浪费大量的时间来寻找相关的资料，并且避免了不良信息的侵袭。另一方面可以有效地引导学生进行有计划的学习。另外，超链接式的教学设计还有利于促进学生在不受到任何压力影响的情况下，积极主动地从网上获取多方位、开放性的知识。

（五）学生自主学习能力的提升

多媒体网络技术的应用为学生提供了模拟性的情境式学习方式。学生置身于真实的语言环境中，感受到的自然也是最直观的体验，这样的学习效果是以往传统教学模式所无法比拟的。这种教学方式可以说是从空洞、泛泛而谈的形式中抽离了出来，其优势主要体现在以下两个方面：第一，多媒体除了具备基本的图文功能，更重要的是融合了更直观的声音和影像功能，可以全方位调动学生的感官，让学生仿佛置身于真实的情境，学生可以利用这一方式听一些英文歌曲和观看原版影视作品，极大地提高了参与的热情。第二，网络是非常便捷的，学生可以不受时间和空间的限制，如果有需要就可以即时下载学习资料，这些资料的获得为他们的大学教学课堂注入了活力。这可以引导学生通过网络学习使得英语综合技能全面提升，从而触发体内更高层次的语言思维能力的提升，将目前国际上最为前沿的资讯尽收眼底，形成一个知识的储备库，寓学于乐，双管齐下，使课堂学习变得生动有趣。

多媒体网络技术在某种程度上促进了学生之间合作互助学习模式的形成。进行语言学习并不是自己单纯地将大量语法知识不断输入大脑中就可以，语言学习的最终目的是输出，也应该是一种师生之间或学生之间的合作与对话关系的逐渐形成的过程。

在这里，课堂变成了实时互动的平台，而不是传统教学中的单纯的教师在课堂上讲，学生被动接受的很少有互动和交流的形式。网络教学提倡的是师生间的双向互动。教师可以采取分组的形式让学生针对相关问题展开讨论并进行总结，这样几乎每个学生都有机会参与其中，具有更大的主动性和参与感。他们可以根据自己的想法和理解来设计相关问题，在这个过程中教师的身份也从主导者逐步向辅助者转变。此外，教师还可以组织丰富多彩的课外教学活动，让学生有更多实践的机会，这在一定程度上是对我国目前大学英语教学过程中所面临的课堂互动的匮乏的有效补充。总之，网络教学为学生和教师提供了一种多功能的语言交互途径，为师生间的学习交流提供了平台。

（六）促进虚拟化情境模式的建立

语言要发挥出作用并不是自身就可以实现的，它需要依靠一定的语言环境才可以显现出来，任何脱离了语言环境而独立存在的教学模式都无法使学生获得足够的语言运用能力。

建构主义理论提倡的是情境化的学习方式，该理论认为学习者的学习过程要以情境或社会文化为依托，而且需要他人的辅助作用，然后再通过人际协作活动主动建构知识。需要注意的是，环境的创设与协作学习需要借助一定的情境才可以顺利进行。在传统课堂教学方式的影响下，学生的思维活动受到限制，因而无法产生联想等一系列有助于学习的心理活动，这在一定程度上影响了其对知识体系的整体构建。网络教学的优势是可以将原本书本上比较死板的内容以更加立体、更为生动的形式呈现在学生面前。基于网络环境建立起来的互动过程是通过快速的言语信号向对方进行传递，对方接收到之后又可以以同样的速度进行解码，这就保证了语言学习的真实性。教师可以利用网络的便捷性为学生提供一个与真实交流环境极度接近的模拟空间，以实现激发学生交际欲望的目的。在实际教学过程中，每个学生的基础是不同的，可以根据自身的情况选择适合的学习阶段进行练习。

二、大学英语网络教学存在的问题

大学英语网络教学是一个涉及多方面内容的综合教学体系，包括教学模式、教学手段、学习策略及跨文化交际等方面。网络教学从某个方面来说就是实现了多媒体与教学体系的完全融合，并且可以对教学过程中的一切信息进行进一步加工和处理，实现了大学英语教学性能的深层优化。与此同时，伴随网络而来的各种信息也使语言的输入量相对提升，这对提高大学生的英语水平是有促进作用的。目前，网络教学相对传统教学来说是比较先进的一种教学模式，但是也由于其自身的局限性和对教学条件、师资力量等方面的要求而不能完全取代传统教学方式。不过，我们需要认识到的是这是一个大趋势，只不过过程是曲折的，并不能一蹴而就。如果不考虑实际情况而盲目追逐趋势反而会弄巧成拙、事倍功半，达不到理想的效果。

网络在大学英语教学中的应用为广大学生提供了一个可以实现自主性学习的平台，在这里他们的主动性得到了最大限度的释放。只是在这种学习模式的作用下，教师的作用逐渐被弱化了，学生们缺少了教师的监督，因此学生学习的积极性与参与度就成了决定学习效果的重要方面。在传统教学模式下，即使学生的参与热情不高，也会在教师的威严之下尽力完成学习任务，而教师反过来也可以对学生的学习情况进行实时监督，以便得到最有效的反馈。此外，在教师的引导下，学生也可以跟随教师的思路进一步思考。在如今大力倡导新型教学模式的形势下，教师的监督作用日益衰微，因此对那些学习自主性相对较弱的学生来说，学习成绩的提升就不那么明显了。此外，教师所制作的学习课件是适用于大多数学生的，而不是针对个别人的，所以学生要从冗杂的学习内容中梳理出适合自己的知识也是要下一番功夫的，需要先分清主次，然后再进行归纳总结。

基于以上因素，我们可以看出全面实施网络教学还是存在一定困难的，因为单从师资力量方面来说就无法提供有力支撑。所以，如果从我国大学英语教学的现状出发，不能盲目地彻底推翻原来的教学模式，应将多媒体教学与传统教学相结合的过程作为一个过渡阶段，让这两种方式物尽其用，逐渐向新模式靠拢，只有这样才能使英语教学取得令人满意的效果。

三、大学英语网络教学问题的对策

（一）改变教师教学方式

教师在教学过程中所起到的作用是不容忽视的。在网络信息时代，教师的角色绝不应该局限于单一的"传道、授业、解惑",还应该向更符合网络教学的方面靠拢,因此建立恰当的师生关系就显得很有必要。

(二)重视教师培训

对于学生来说,教师在教学过程中所担任的是一个具有辅助功能的角色,教师可以帮助学生更加客观地认识自己,从而制定明确和符合自身的学习策略。教师对于学生而言还具有榜样的力量,教师的言传身教是学生学习的动力,如果学生可以从中领悟到学习的意义,那么培养终身学习的能力也就相对容易了。在网络信息时代,教师的任务更多地偏向组织教学、设计学习策略、多方协作答疑等方面,这就对教师的综合能力提出了更高的要求,书中工具技能和理论素养能力是基本前提,不可或缺。

(三)建立多元的教师评价方式

在网络课程效果评价中,教师的单一评价方式已经不再适用,此时最需要的是一套全方面、多角度的客观评价体系,其中最重要的就是学生由被评价对象向评价主体的角色的转变。因此教师可以从以下四方面着手:

(1)加强小组内外各学生的评价能力,使小组活动取得双赢的效果。因为对于每一个评价者来说,在对他人进行评价的过程中,也可以认识到自身存在的不足,使自身得到提升。这样就摆脱了一直依赖于教师的约束的学习方式,对养成终身学习习惯具有很大的帮助。

(2)时刻以学习目标和要求为中心,随时对学生的学习情况进行评价,然后提出具有建设性的意见,促使学生进步。

(3)对学生在进行网络学习时的风格与偏好进行研究,以便提出具有针对性和个性化的评价,避免千篇一律,使学生失去兴趣。

(4)教师在对学生进行评价时,要尽可能多地使用带有激励作用的词语,使每个学生都有获得进步和成功的渴望。

（四）网络教学与传统教学相结合

随着科学技术的突飞猛进，网络教学方式在大学英语中的应用也逐渐受到社会各界的广泛关注，进一步对传统教学模式产生了冲击。虽然传统教学手段在课堂上传授的知识量有限，但是从整体来说对大学英语的教学水平提升还是有一定促进作用的。因此，针对传统教学手段和网络教学手段各自的特点，教师要尽可能实现这两者的完美融合，以期共同为大学英语教学尽一份力。

在传统教学模式下，师生之间是通过课堂授课形式来实现联系的，教师的语言、肢体动作等都会向学生传递相关的信息，为学生的理解提供有效支撑。网络教学在一定程度上使得教学效率得到进一步提升，也使教学环境得到进一步改善，在一定程度上促进了传统教学手段不断扩展。两者结合，共同为大学英语教学向着更完善的方向发展贡献自己的力量。

不管采取何种教学模式，都不应该忽视师生间的有效互动，要以沟通建立起师生间的知识桥梁，实现知识的有效传输。在引入多媒体教学的过程中，教师会逐渐放弃原来直观的板书书写方式，进而将制作好的课件，展示在显示屏上，导致教师没有书写的印象，学生也只是一扫而过。针对这种情况，教师要充分发挥多媒体的声音和影像功能，可以将单纯的文字内容幻化成具有画面和音效的动态形式，充分调动学生的各个感官系统，从各个方面认识所学内容，并进一步消化理解。如果条件允许，教师还可以结合传统教学模式进行综合讲解，以加深学生的理解。在这种情况下，课堂提问和小组讨论的效果会更容易显现出来，教学效果也会更明显。教师通过课堂互动对学生进行检测并及时给予反馈，可以将教学效果发挥到极致，这是任何一种单一教学模式都无法达到的高度，由此可以看出双模式教学的结合使用在某一过渡阶段是非常有必要的。

（五）加强对学生学习策略的指导

学生可以从自身实际情况出发在网络环境下选择与之相适应的学习资料，构成属于自己的"新课本"。另外，这个过程还是学生主动发现和构建知识的过程。从这个角度来看，我们也可以将网络教学模式理解为一种学生在自主学习的基础上更加自由的学习方式，这种自由主要指的是受时间和空间的限制小。这一教学环境的改变在一定程度上会影响学生学习动机。我们只有在认识和了解了这些影响因素产生变化的前提下，才可以根据其特点制定出合理的教学策略，以此让学生持续拥有积极的学习动力。从教师的角度来说，为了实现学生学习成绩的提升，可以采用以下三个措施：第一，实时了解学生的真实想法和对知识的真实需求，这样就会有的放矢，其效果也会事半功倍。第二，认识到每个学生都是独立的个体，并充分尊重个体带来的差异性，进行有针对性的训练。第三，实时跟踪。时刻关注每个学生的学习进度，对学生的反馈要及时进行整理并给予有效帮助。

四、大学英语网络教学的模式

（一）网络教学模式的一般定义

关于教学模式的概念，在传统的教学论中已经有了多种定义。不过随着网络信息时代的到来，整个教学活动也发生了翻天覆地的变化，面对这种情况，如何重新对网络教学模式进行定义就成了专家学者们研究的重点，其结果更是多种多样。我们在结合各种观点的基础之上进行整理后做出如下总结：网络教育模式指的是在一定教学思想和教学理论的指导下，依托计算机网络技术，在教学实践中培养学生自主探究式的学习能力。不仅如此，还要从教师和学生两方面入手，营造以学习者为中心的自主学习氛围；教学相长，为实现一定的教学目标而构建起较为稳定的教学结构框架和教学方式。

总的来说，在大学英语教学中，教师要始终注重英语教学综合技能的重要性，并让学生认识到其意义所在。

（二）大学英语网络教学模式的构成要素

1. 大学英语网络教学模式的教学目标

大学英语网络教学中的教学目标指的是教学活动所要实现和完成的教学目的，为教学方式的发展和教学方法的选择指明了方向。

2. 大学英语网络教学的技术环境

技术环境指的是为网络学习提供基本的技术支持的关系总和，主要有各种网络的构成及计算机设备等。网络教学模式的技术环境主要受到设备自身的性能及信息传输条件等的制约。

（三）大学英语体验式教学的信息化

将现代先进技术应用于大学英语的课程改革中在国际上也早有研究，因此我们进行改革也并不是无迹可寻的。我们可以参考相应的案例大胆进行全方位的试验，以期找到与我国大学英语教学现状相适应的方式。

比如，应该充分结合现代教育技术的综合功能，强调外界环境对语言学习者的学习过程所产生的影响，在这里主要看重的是学生对语言的整体感知和运用能力。再者，教师可以在教学过程中逐渐使学生的自主学习能力得到相应提升，具体措施就是教师可以在每周有限的教学时间内挤出一部分时间用于学生自主性学习。此外，还可以开展课堂口语活动，并不要求一开始就完全成形，教师可以通过合理安排抽出一段时间对学生进行听说能力的训练。

（四）大学英语网络教学的主要模式

一般来说，教学模式需要一定的教学思想的指导并且围绕一定的教学主题，以便形成最终的相对稳定的理论化教学示例，教学模式是教学过程的各个因素共同作用的结果。同理，网络信息时代的教学模式也受到多种因素的影响和制约。网络信息时代的教学过程所涉及的要素包括教师、学生、网络教学材料、网络学习环境四个方面，其组织形式也包括面向个体、面向小组和面向群体三种形式。

网络信息时代，网络教学可以从两个方面开展：一方面，学习过程由被动逐渐转变为学生的主动参与。另一方面，教学组织形式由个体向群体发展。

1. 网络自主接受模式

网络自主接受模式主要由学生、网络多媒体课件和学习指导者三个要素构成。在这里，网络多媒体课件实际上指的就是学习资源，只不过是基于计算机网络建立起来的一种可以展示出声音和影像的资料。学习指导者则是一个比较广义的概念，并不局限于教师，更重要的是指计算机的作用。

2. 网络自主探究模式

网络自主探究模式的构成要素包括"学生＋语言任务＋参考资料＋教师"。这一模式的主要作用是向学生传递语言基础知识方面的信息，培养学生对语言的综合运用能力。

在这一模式中，教师会提前将具体的语言任务发布给每一位学生，可以是名篇阅读，也可以是翻译指定文字或者其他有关内容等。教师回收前应做好指导工作，提供足够的参考资料。当然，这一过程并不代表教师就完全放任不管了，而是始终对学生的整个学习过程进行监督，学生可以随时就所遇到的问题向教师进行提问以获得相关帮助。学生在这样的模拟环境下通过教师的指导不断提出问题、解决问题，自身能力不断提升，且都是以学生熟练掌握语言技能为最终目标。

3. 网络任务合作模式

这一模式的主要构成要素也是多方面的，主要包括以下四个方面:学习小组＋语言任务＋参考资料＋教师。该模式的形成是建立在学生的学习小组基础之上的，然后在网络资源的支持和配合下完成教师所指定的语言任务，使学生的团队精神和运用语言的能力得到有效提升。这里所说的语言任务一般都带有特定指向性，基本上都和学生未来的社会生活与所参加的工作有密切关系，以便大学生走向社会后可以应对自如。

在这个任务合作模式中，教师所处的位置和扮演的角色还是相对重要的，教师需要从每个学生所掌握的能力水平出发对学生进行合理分配，然后在需要材料支持的时候给予必要帮助，并对学生在学习过程中遇到的问题提供一定的指导。此外，还要注意协调好组织内部各成员之间的关系，如果学生之间出现矛盾，教师要及时协调解决。总之，教师的任务就是要有一个全局观，实时监控学生的学习进度并对其最终的学习效果做出合理的评价。学生的任务就是扮演好组织内部分配的角色，然后在此基础上制订合理的计划并按时完成任务，还要不时地进行阶段总结，最终达到一个相对完美的结果。

需要注意的是，学生在整个学习过程中要尽量使用目标语言来完成学习任务，也就是整个的沟通、参考资料、总结发言和最后的作品都应该在对应的目标语的基础上进行解决。实际上，网络任务合作模式的基础是在虚拟的任务情境的基础上使学生慢慢在任务完成的过程中不断提高自己对语言的整体把握和运用能力，而在这个过程中得到有效提升的还有学生的团队合作意识。

4. 协作模式

"协作"，顾名思义就是在学习过程中注重的不是个人的成果而是小组合作。这一学习模式主要是学生为了达到某一共同的学习目标而以小组的形式进行参与的相关行为，其目的是使得团队习得成果在一定的激励机制下可以达到最优。具体该在何时使用协作学习模式还需要从实际情况进行考虑。一般来说，当某个学习任务需要多个学生的共同参与才可以实现时，就需要协作学习模式的支持了，其理论支持来源于构建主义学习理论和人本主义学习理论两个方面。在协作学习过程中，可以根据不同的任务对学生进行分工，这样可以将学生各自的优势发挥出来，使他们互相学习、共同提高。这种学习模式还可以实现对学习资料的共享，从而取得事物之间的内在联系。我们也可以说，这种学习方式更加注重的是学习者自身的一种主动性和互动性、创造性。

5. 探究学习模式

探究性学习从根本上来说是对数据库整体系统和相关检索功能的综合应用，学生可以根据自己的实际需求，从数据库中检索到自己需要的信息，如地理、生物、历史等数据量较大的学科。在系统信息服务功能的支持下，通过搜集有关的资料，然后得到预设问题的相应答案。网络上这一学习模式的覆盖率相当广泛，不管是简单的电子邮件还是相对复杂的学习系统都会有所涉及。这种学习模式使学生处于学习的主动地位，有利于激发学生的学习兴趣和创造性。这种教学模式从成本方面来说也是很经济实用的，因为只要通过电子邮件就可以实现，不需要太过复杂的技术做支持，这就使得它的实现变得更加容易。

6. 个别化学习模式

网络教学模式不仅注重面向群体和小组的讨论模式，而且对以个体为基础的学习模式也比较关注，甚至对个别化的学习模式也有许多成功的探索。在网络信息时代，这些网络教学模式还处于初级阶段，需要进一步地完善和改进。我们需要明白的是，随着时代的进步和发展，旧的教学模式必将被时代所淘汰，而适应时代需求的新型教学模式开始兴起并逐步得到广泛的推广和应用。因此，加强和研究实践网络信息环境下的教学模式，从一定意义上说也是我国素质教育和教育全面改革的进一步深化。

五、大学英语网络教学的发展方向

（一）数字化技术的应用得到加强

数字化进程的开展是以互联网技术的支持为坚强后盾的，如此教学过程就会变得简单和稳定。所谓数字化的教学资料通常指的是经过了某些数字化技术加工和处理的，然后适用于网络环境下的教学资料，如数字化的视频和音频数据库以及在线学习管理系统等。数字化的学习方式对教师和学生来说更容易借助数字化的平台进行实时沟通和交流。教师可以对数字化的资料进行分析并加以合理利用，以此为基础不断更新教学过程和发现新的知识，从而有效促进教学效果的达成。

大学英语教学过程经过数字化以后有了新的特点，主要包括以下五个方面：

（1）教学内容向外进行了扩张，不再局限于原来的某个单一知识点，而是逐步上升到以主题为中心的阶段。

（2）教学过程依赖于数字设备的帮助来完成，而且在这整个的教学过程中，教师和学生完全处于一个平等和合作的关系之中，没有级别之分。

（3）教学的过程和所展示出来的内容与原来的相比具有了很大的创造性和可以重复利用的特性。

（4）在这个教学过程中，教师主要是从学生的角度出发进行教学，以学生为主，尽可能地满足各水平阶段的学生的不同要求。

（5）网络教学的数字化趋势使得教学过程摆脱了空间和时间的双重限制，

具有了很大的自由性。

（二）人工智能技术应用于英语课堂

随着时代的发展，科学技术的发展也日新月异，其中人工智能技术的发展更是一跃成为网络化教学过程中的中坚力量，作用不可小视。人工智能技术在大学英语教学课堂的实践应用也已经证明这已成为大势所趋。人工智能技术在大学英语课堂的应用是利用计算机的高超技术实现对人脑思维模式的模拟，逐渐将计算机视为人的身份来进行教学，逐渐使人机互动的过程更加合理、自然和人性化。

人工智能技术下的英语教学特点主要表现在以下三个方面：

（1）教学环境虚拟化。人工智能技术在大学英语教学中的广泛应用在一定程度上促进了教学情境高度虚拟化的形成，使得教学活动的开展在一定程度上摆脱了时间和空间的束缚，具有了更大的自由性。

（2）教学管理趋于自动化。计算机网络中引入的人工智能技术在大学英语教学过程中的实际应用主要表现在对学生学习情况的自主分析和保存上，其核心在于可以根据学生的学习情况生成一份独有的电子版学习档案，跟踪学生的学习进程并及时给予适当评价，方便学生做出修改。另外，该技术还可以实现对学生的学习资料的保存和共享。

（3）教学过程更加个性化。人工智能技术影响下的大学英语智能教师主要从学生的学习进度和个人的真实水平等实际情况出发，制订出与学生相适应的教学计划和教学内容，从根本上实现个性化教学。

第三章　教学改革背景下的大学英语文化与情感教学

我国大学英语教学发展过程中受到多方面因素的共同制约，除了上一章所说的网络和多媒体技术的制约，还包括文化和情感方面的影响，因此我国当前阶段的大学英语教学改革还应该将文化与情感方面的教学内容放在重要的位置。本章分别从文化和情感两个方面来进行深入阐述，以期为大家提供一些有关英语教学改革方面的启发。

第一节　大学英语文化教学

一个国家文明和文化的传承需要语言作为最坚实的后盾，而且语言是构成文化的最主要因素，而且文化也对语言的发展起到相应的促进作用。其中，文化教学是语言教学的一个非常重要的方面，我们甚至可以理解为语言学习的过程实际上就是一个了解和掌握蕴含在语言中的文化背景的过程。此外，一个人是否可以拥有熟练运用一种语言的能力还取决于其自身是否对所学语言国家的文化知识有深刻的理解和认识。从这个角度来说，我们在进行教学改革的过程中需要将大学英语文化教学放在重要的位置，而且对于学生的交际文化素质方面的培养也需要特别注意。只有做到了这些，培养出来的大学生所具备的综合运用英语的能力才能与时代和社会的要求匹配。本节主要从大学英语文化教学的相关知识进行解读。

一、文化的内涵

语言和文化从某个角度来说具有一定的内在不可分割性，甚至可以说语言与文化的差异具有本质上的一致性。如果想从本质上弄清楚两种文化之间究竟有哪些方面的不同，可以从文化的定义着手。

归根结底，文化是一个比较广义的概念，涉及的方面也是比较宽泛的，因此准确定义就有了一定难度。其中由于文化定义的侧重点不同，其定义有 200 种之多，而且由于各学者、专家很难就此达成一致，甚至还有人将文化理解为一种人与人之间的动态建构方式。总之，国际上对于文化的定义至今没有达成共识。从文化教学研究的角度来说，关于文化的定义必须有一个全面的梳理和认识。下面就是国内外的一些学者根据自己的理解对文化所做的阐述。

1871 年，英国文化人类学家爱德华·泰勒出版了《原始文化》这一巨著，他在书中提出文化是一种中心概念，将文化解释为一种相关知识或社会上一些能力的习得养成。这一观点使得文化的概念相应得到了延伸。因此，学术界在很长的一段时间内都认为泰勒是第一个对文化的定义做出阐述的人。再加上他的定义对文化的阐述具有很强的代表性，可以说是为后来有关文化方面的进一步发展和研究做出了重要贡献。

紧接着，来自美国的社会学家伊恩·罗伯逊对文化的定义又做了进一步的扩展，这次他将视野放在了社会学的角度。在他看来，文化应该是一个覆盖人类一切创造出来的或被赋予实际意义的物质或思想、语言等抽象化的非物质的所有社会产品。这样文化的概念就更加广泛。

此外，还有另外一位致力于文化研究的美国学者拉里·A.萨姆瓦（Larry A.Samwa），他对文化的总结是人们在很长时间的经验和智慧的基础上形成的一种综合性观念，这一种综合性主要体现在时间、空间和信念等有关方面。但是这种观点认为文化的体现并不局限于相关的具体语言形式，在日常生活中也可以发现有关文化的迹象。从这个角度来理解，有关文化的定义又上升到了交际层面的高度，包括行为方式、时间、空间等方面。

莫兰（Moran）强调文化教学的语言基础及发展变化。他认为，跨文化教育与外语教学有所不同，跨文化教育应该包括对外国文化的学习等教学目标，而外语教学中的文化教学应该只是以引导学生理解外国文化为目标。但是，在外语教学中，为了让学生能够深刻地理解、体会外国文化，学生必须首先具备一定的语言水平。所以，外语教学中的文化教学应该以语言教学为基础。另外，应综合教育的社会取向和个人取向，将个人的文化学习以及社会变迁都规定为文化教学的结果。在莫兰看来，文化个体就是其中的每一个单一个体；文化社群就是整个社会环境和群体的统称。莫兰从构成要素的角度出发对文化的定义为：文化是在一定的社会环境的前提下，人类群体不断向前发展的一种生存方式，而且世界观、时间体系和文化产品都表现出共有性。[①]

由以上学者所提出的文化教学的观点可以看出，文化教学的目标并不是一成不变的，而是不断发展变化的。从这些发展中的教学目标，我们可以总结出外语教学中文化教学的最终目的：增强学生对外语文化和母语文化之间的差异的认识，丰富学生外语学习的经历，帮助学生突破母语特定文化交际的模式、范围，从而培养学生对外语文化规约的认同态度以及尊重态度，帮助学生在交际中实现从适应过渡到跨越，进而实现超越的跨文化交际过程。

以上观点都是国外的一些专家和学者根据自己的研究方向与社会实践所总结出来的侧重点不同的有关文化的定义。我国的学者也就文化对英语教学的影

---

① 朱金燕：《大学英语教学改革探索》，中国地质大学出版社2018年版。

响展开了相关研究。其中，比较具有代表性的就是学者张岱年、方克力及其著作《中国文化概论》，他们认为那些人类有意识地作用于自然界和社会的所有活动都归属于文化的范畴。中国大百科全书出版社所出版的《生活与文化》一书中，台湾学者则将文化解释为一种涉及生活方方面面的概念。

综上所述可以看出，国内外学者有关文化的定义是有所区别和侧重的，甚至我们还可以发现两者对文化的描述还有广义和狭义之分。

二、文化教学的内涵

目前，我国范围内的高校都在积极进行英语教学方面的改革，这就对英语教师提出了更高层次的要求，要求英语教师不仅要重视向学生传授基础语言知识，更重要的是向学生提供足够的支持，以促进学生可以正确理解和掌握文化背后的深刻含义。学生只有从这两个方面分别理解和认识到语言的深意，才有可能把握其中的精髓，充分领悟到语言所蕴含的文化意义。以下我们就针对文化教学的一些基础性内容进行初步分析。

（一）文化教学的定义

通常情况下，我们所理解的文化教学指的就是大学在开展英语教学的过程中尽可能地将目的语国家蕴含在语言中的文化知识、背景等方面的内容与英语实际教学进行融合，让学生切实从根本上理解目的语并获得进一步习得的能力。但是这是广义的文化教学的概念，除了向学生传授那些具体的文化知识，更重要的是研究两种文化之间的异同，然后逐渐训练学生对两种文化间所具有的差异性进行处理时的感知度，以此来促使学生进行实际跨国交流的综合能力的提升。

这里从学生对文化意识的理解程度的层面出发，将文化意识概括总结为以下四个层面：

（1）虽然大学生对所学的语言所具有的比较明显的文化特征有了一定程度的理解，但是依然认为文化是一种不能完全理解的东西，需要进一步探究。

（2）在对母语和目的语进行对比学习的过程中，学生可以了解到母语文化中所具有的那些有意义的、不起眼的文化特征，但是从根本上来理解文化还存在一定困难。

（3）学生要采用客观的态度来理智地分析那些虽然意义比较明显但却不是轻易就可以觉察到的文化特征，然后通过认知理论的进一步解释，认为文化可以通过理解而被习得和认知。

（4）学生经过实际的学习，在对目的语有了一定的认识和掌握的基础上得到更深层次的理解。

上面所说的四个方面的内容是有关文化意识分析的四个方面，以下内容则是对文化教学起到促进作用的两个方面。

（1）文化知识方面。一般来说，我们所理解的文化知识指的是学生在学习过程中所要掌握和理解的方面。我们可以将生活中比较常见的衣食住行、行为规范和习俗等方面的内容都归结为文化知识的范围，如果再进一步细化的话，还可以包括历史、风俗和艺术等内容。不过我们需要认识到的是，文化知识所涉及的内容是非常广泛的，很难通过一两句话或者几方面的内容就完全解释清楚，我们所认识和了解到的都是一种浅显的和大致的外在表现。

（2）文化理解方面。文化理解主要指的是学生要尽可能地区分开母语和目的语国家在文化上的不同，而这个可以从以下两个角度进行分析。首先，要对那些个别的、具有实在意义的文化现象和文化知识进行了解，不仅需要了解它们所具有的文化内涵、背景、起源等方面的内容，还应重点了解世界观、人生观和价值观方面的具体内涵。其次，要从客观的角度来认识和开展文化的学习。客观来说，文化没有本质上的好或者坏的区别，我们不需要对其强加太多的个人色彩，然后再进行区分。我们可以做到的就是从自身角度出发来选择自己感兴趣的或者是可以实现的内容。一方面，我们要怀有极大的宽容心和包容心来接纳外来文化。另一方面，我们在学习外来文化的过程中，还要时刻坚持对本国文化的学习，不能完全抛弃本国文化，这样一来，我们在进行跨文化交际的过程中就可以进行得体和恰当的交流。从这个层面来说，英语教师在开展实际的英语教学的时候要让学生形成一种对西方文化的包容态度，然后再进行了解。此外，还需要使学生们明白，文化从某种意义上来说是有相似性的，学生们只有在充分了解本国语言文化的基础上才可能转向对外语文化知识的了解。于是，学生对于本国文化的学习就具有了根本意义的支持。但是在实际的文化教学中，外语使用能力的强弱在很大程度上取决于是否了解两国文化之间的差异。也就是说，如果可以很好地了解和掌握本国文化的真实内涵，对学习西方文化具有很大的帮助，而且可以对两者之间的异同有一个更加全面和深刻的认识，以提高对两种语言文化的认识和感知水平。

根据上面两方面的内容阐述，我们可以理解为文化知识是展开文化学习之旅的第一步，而想要达到进行语言交际的阶段，对文化的正确理解和掌握才是关键所在。

（二）文化教学的理论基础

对文化教学的理论基础，我们可以从建构主义学习理论和文化输入理论两个角度来进行阐述。

1.建构主义学习理论

建构主义学习理论的兴起还要从 20 世纪 90 年代说起，当时该理论已在西方国家范围内流行，其中最具有代表性的要数皮亚杰（Piaget）提出的关于儿童的认知发展理论，这一理论的产生为后面建构主义理论的出现奠定了理论基础。他认为建构主义学习理论不属于主观和客观范围的任何一个范畴，而是其中的一个个体和所处环境之间发生了交互作用，并逐渐进行自我建构的学习过程。

建构主义相比于行为主义有了很大的进步，所以支持这一理论的还有维果茨基等我们所熟知的人物，他们都是该理论的代表人物。建构主义在行为主义的基础上有了很大的改进，并对行为主义的一些观点进行了新的尝试和大胆颠覆。该理论大胆提出了新的知识观和学习观，肯定并强调了知识是动态的。建构主义主要强调学习要在一定的情境中进行，并且要与社会的发展相结合，认为学习需要个体主动构建自己的知识体系，学生在学习中占据主导地位，而教师要以学生的学习需求为中心来提供适当的指导，教师的主要职责是引导和帮助学生实现自主学习。所以，建构主义和行为主义的最大区别就是学习的主体发生了变化，肯定了学生的主体地位，也指出了教师的引导作用；强调学生是学习意义的主要构建者，是对获得学习信息进行加工的主体，而教师只是这一过程的敦促者、帮助者。建构主义主张学生的主体地位，主张学生要主动去探索、发现知识的含义，并主动构建自己的知识体系，是学生进行主动研究的学习模式。

2.文化输入理论

文化输入理论的产生和建构在很大程度上还要依赖于语言输入理论，两者是一个相互作用的过程。语言输入理论是美国语言学家克拉申提出的，它构成了语言习得理论的核心内容，也是文化教学的重要组成部分。需要注意的是，语言学习者进行语言学习的过程是很漫长的，并非一朝一夕之功。学习者想要获得或者要达到的能力与现有水平相比是存在一定差距的。学习者需要集中精力展开语言的学习，将重点放在对意义和信息的理解这两个方面。

文化因素构成了语言教学的核心内容，在实际的外语教学过程中，如果可以融入文化因素，那么对于学习者开展语言学习来说是非常有帮助的，而且可以在一定程度上使学习者在心理上产生对外来文化的认同感，这就可以理解为传统意义上的文化输入理论。从这一理论的阐述中我们可以认识到，学习者对于外语文化的态度对语言学习的最终效果有着很直接的影响。由此我们可以看出，文化输入在一定程度上对学习者学习语言的能力和水平有一个共同的促进作用。

（三）文化教学的内容

国际上有关文化教学的内容研究基本上是从国外开始的，而且在研究时间上也比我国开展的时间要早一些，其研究程度和研究内容也比较深入和广泛，主要包括以下几个方面：

1. 弗莱斯的观点

自 20 世纪 40 年代起，弗莱斯及其学生拉多等就进行了文化在语言教学过程中的影响的研究。他的观点是从语言教学的角度展开的，主张将文化与语言教学进行最大限度的融合。另外，他还指出与文化教学内容相关的民族文化与生活情况都是其中不可或缺的部分。因此，文化内容不是与语言教学总目的全然无关的事情，而是语言学习的一个重要组成部分。

2. 拉多的观点

拉多认为，语言是文化的一部分。只有对文化背景有了一定的了解后才能教好语言。同样的，只有在对文化的模式或准则有了足够的掌握之后才可以恰当使用，促进交际活动的形成。如果从文化教学的目的进行进一步划分，可以将文化教学内容划分为初级意义单位、虚假定式和伟大成就。

3.斯特恩的观点

1992年，斯特恩提出将一般的语言学习者的需要分为六大文化教学内容的构想，这六大内容主要是宏观的民族及社会、微观的个体及生活方式、历史、地理、习俗和制度、艺术及文学。

4.查斯顿的观点

查斯顿主张，外语教学要从狭义的概念入手，当有了足够认识和掌握的时候再向广义的概念转移。他提出的狭义的文化纲要主要包括四十四个主题的讲授，实际上是需要讲授的文化知识。

总之，在我国的大学英语教学过程中，对于其所包含的西方文化内容的理解是多种多样的，因为其内容涉及的方面是非常丰富的。但是从实际的教学角度来考虑，教师真正的授课时间是有限的，因此不可能将全部的文化教学内容都详尽地讲出来，这时就需要教师对教学内容进行提炼和总结，选出那些与英美等国相关的文化作为重点内容进行讲述，而对于国际上的其他一些说英语的国家来说则只要简单介绍即可。说到底，我国在全国高校范围内开展英语教学的目的主要是培养符合时代发展要求的国际型人才，使得学生英语的各项技能得到迅速提升，以便在国际交流中可以应对自如。这就要求教师所选择的教学内容具有很强的实用性，并且要便于学生掌握。教学内容可以是英美等国的历史、文化、地理知识、思维习惯等。

对此，我们对教学内容的重要方面也进行了相应总结。对于世界范围内的其他一些以英语为官方语言的国家来说，仅进行相对概括的介绍即可。总体来说，对我国大学生进行文化教学的目的是让他们可以在国际交往的过程中毫无障碍和困难。

（四）文化教学的原则

一般来说，大学英语文化教学的组成部分主要有语言内容和非语言内容。之所以会对语言教学的原则进行确立，主要是因为这样可以有效地将文化教学的内容尽可能地融入英语教学的体系。这样一来，有关语言知识或者是技能的传授可以和文化教学处于同一水平线，进而使得文化习得和语言习得高度一致。文化教学的基本原则包括以下七个方面：

1. 认知原则

关于认知原则，我们可以从两个角度来阐述：一是基础的文化知识的培养，包括社会和文化两部分。二是具有深层含义的特殊能力的培养，如观察能力和识别能力。

英语的语言构成中有很多习惯用语、言语或者是故事典故，它们大多与一些传说、《圣经》故事等有着密切关系，或者说是演化而来的。所以学习者在进行英语的学习时如果对这些词语的来源或者背景不是特别了解，就会产生误解或者是理解困难，这就会给后期的学习带来一定阻碍。例如，学习者认为英语太难学而丧失了学习的兴趣，导致学习进程缓慢，无法有效实现教学目标。而认知原则的作用就是要学习者懂得学习目的语文化的重要性。

出于这些方面因素的考虑，英语教师在开展大学英语教学的时候要特别注意培养学生有关目的语的背景文化知识的习得，这对语言的学习和把握具有很好的促进作用；还可以在一定程度上掌握这两种语言间的差异并将其缩小到合适的范围，尽可能地让学生认识和了解中西方文化之间的差异，然后最大限度地缩小这种差异。此外，教师还可以对学生实施一些鼓励措施，让学生在课下提前做好收集背景资料的工作，以便在课堂上了解得更透彻；还可以要求学生在课下写一些与文化有关的文章来促进其对课堂知识的理解。

2. 层次性原则

大学英语的教学过程是一个分阶段和逐渐递增的过程，这就要求教师在授课和学生在学习的过程中都遵守一个层次性的原则，但是对于这一原则的解释国内学者并没有统一的认识，其观点是多样的。

1996 年，我国著名学者林汝昌发表了一篇名为《外语教学的三个层次与文化导入的三个层次》的文章，文中指出：外语教学必须具备结构层次、文化层次及语用文化层次这三个层次。① 但是需要注意的是，这三个层次是一个有机的整体，而不是互不相干的。只不过在实际的教学过程中要根据教学内容进行选择，并采用逐层深入的方式逐步展开。

我国著名学者曹文在 1998 发表了一篇与文化教学有关的文章，即《英语文化教学的两个层次》，这篇文章的发表在国内引起了不小的轰动。文中他将文化教学划分为两部分，即从文化的角度分成了知识层和理解层。只不过这两个层次之间是没有办法直接连接在一起的，要使两者之间发生联系，必须借助文化意识教育中介的作用。另外，曹文在他的文章中对这两个层面进行了详细解释。这两个文化层面是两个完全不同的概念，知识层面的教学针对的只是学习者最基本的基础知识的培养过程；而理解层面的教学就上升到了学习者在跨文化交际过程中所应具备的综合能力的提升角度。从这两个解释中我们也可以看出，文化知识对于文化理解来说就是开始部分，而文化意识则是贯穿始末都需要关注的内容，也是终极目标所在。我们如果从以上角度来对曹文的观点进行理解，就可以认为他的教学观是非常有深度的和逐层展开的。

---

① 林汝昌：《外语教学的三个层次与文化导入的三个层次》，《外语界》1996年第4期。

综合上述两位学者的观点，我们可以看出他们所倡导的文化教学是分阶段和层次的。因此，教师在实际教学过程中要从学生的自身情况出发，根据他们的语言水平结构和接受能力来制定教学内容与确定教学目标。在这一过程中也要遵循一个由简单到复杂、由浅入深的层次性过程。

3. 交际性原则

在高校开展英语文化教学的终极目标就是培养和提升学生的跨文化交际能力，所以教师在实际的教学过程中就要从交际性的角度出发进行考虑。出于对交际性原则的遵循，教师在教学中要让学生明白哪些知识是比较容易理解的，哪些知识可以帮助实际的交际活动顺利开展。

4. 灵活性原则

知识相对来说是既定的，但从某种角度来说又是无法确定的，导致了在进行知识的传递过程中不能生搬硬套、一板一眼，否则只会引起学习者的厌烦，导致其失去学习兴致。所以教师在实际的大学英语教学过程中，让学生对于文化知识产生了解是比较容易做到的，但是，如果想让学生在跨文化交流中达到应对自如的程度则存在一定困难。在教学过程中，如果教师还是采用刻板不懂变通的方式，交际教学的效果不会太理想。因此，教师在实际的教学过程中要懂得在灵活性原则的指导下开展教学活动。尊重学生的需要就是要求从学生的角度出发，因材施教，尽可能地满足学生的需要，以此来提高他们的学习兴趣，实现最终的教学目的。

从教师的角度来说，也应该考虑到教学内容是丰富和复杂的，教师的课堂讲解时间也是非常有限的。这就要求教师在教学过程中采用课内和课外相结合的方式，开展丰富的课外活动。这对学生来说是提高实际运用能力最直接和有效的方式，可使学生同步提升语言感知力和文化知识。学生通过积极参与这些课外活动，可以尽可能多地了解到最基本的语法和语义结构，甚至是正确使用语言的场合和环境，避免使用语言时引发笑话，从而更进一步地认识母语和目的语。

5. 对比性原则

所谓对比性不仅包括语言教学过程中的语言对比，而且包括两种文化之间的比较。教师在开展大学英语教学的过程中要在对比性原则的帮助下对两种文化进行一定的对比，然后促使学生发现两种文化之间的异同点。文化对比的优点体现在以下三个方面：

第一，通过对比，学生可以进一步理解和加深对目的语国家文化知识的认识和掌握程度。此外，这一步骤还可以让学生产生进一步思考的意识，去发现目的语国家有关生活方式、价值观和世界观与自己国家有哪些区别。进行文化对比有以下作用：其一，避免种族主义的出现。其二，便于对学生因材施教，使每个学生的学习能力都有所提升。

第二，通过对比，学生获得的是对两国不同的文化概念的重新认知，这样一来就降低了学生在进行交际活动时产生文化认知上的偏差的概率。

第三，通过对比，可以在一定程度上降低本国文化对西方文化的负面影响，从而加速学生对西方文化的认知过程。通过对比，学生增强了对于不同文化的辨别能力，并能在此基础上区分什么样的文化是可以接受的，什么样的文化是不可以接受的。现在的英语教学中，学生都只是一直在对外语文化一股脑地接受而不是加以辨别之后保留有用的信息，这主要还是由于学生忽略了母语和目的语之间的差异。

针对这些情况，高校英语教师在实际的英语教学过程中可以从以下四个方面对学生展开指导工作：

（1）引导学生对词汇文化层面的差异进行对比，分析其中所具有的文化内涵。

（2）引导学生对句法文化层面的差异进行对比，使学生了解采用什么样的方式可以对语法知识进行深入了解。

（3）引导学生对习惯用语方面的差异进行对比，以从更深层次了解其文化背景。

（4）引导学生对演讲层面的差异进行对比，促使学生充分掌握其语言风格与特征。

针对以上四个方面的差异对比，教师应该注意到在实际教学中应该有所侧重，其中应该侧重研究词汇文化与习惯用语两个方面的差异，这主要是因为这二者共同构成了语言的基础材料，是对文化的最基础的表达。例如，Live with your head in the lion's mouth.

关于对这句话的理解，如果学生没有深入了解两种文化之间的差异，就很容易根据字面的理解将其翻译为"狮口求生"。虽然翻译还算优美，但是却会被内行人嘲笑，而且不太容易理解，如果对中西方文化差异稍有了解的话就很容易翻译了。在我国的传统文化中，一直将老虎看成威猛英勇、果断大胆的象征，但是在西方文化中，人们对狮子的青睐高于老虎，将狮子看成百兽之首，因此"lion"就具有了勇敢和威猛的意思。可见西方文化中的"lion"与中国文化中的"虎"的文化内涵是一致的。所以前面的句子可以翻译为"虎口求生"。

总体来说，就是教师在对学生进行文化教学的过程中应该多引导学生收集相关文化背景资料，以此来帮助学生获得更多文化知识的积累。众所周知，不同的文化背景下产生的价值观、思维方式和处理问题的态度等都呈现出不同的状态。只有对这些文化之间的细微差异进行分析和了解后，才可以尽可能地避免文化差异所产生的误会和文化冲突。

6. 实用性原则

客观来说，文化的内容是丰富多彩的，这样一来在实际中如果想要对内容进行十分详细而全面的讲解是不可能的，也是不现实的。如果从这些角度来进行分析，教师就需要在教学过程中加强对教学对象的分析和考虑，这样一来就可以对交际内容有一个概念上的基础认识，然后以此为基础来进行教学内容的选择和课堂教学。总体来说，就是在开展文化教学的过程中，适应性原则的考虑和使用是一个不容忽视的问题。

所谓文化教学的实用性原则实际上指的是教师在课堂上所教授的内容与学生所学的内容或者是与跨文化内容具有一定联系。

从学生的角度来说，实用性原则的好处主要可以从两个方面来体现：首先，学生对于文化和知识之间的关系不再是捉摸不定和无从下手。其次，与文化相关的教学与语言之间的实践过程说到底就是一种具有内在联系的组合体，两者结合在一起可以对学生的学习兴趣产生一定的促进作用，从而帮助学生有效地将所学知识转化成自身的一种能力，然后应用于实际的文化交际过程中。

7. 适度性原则

适度性原则所针对的对象主要是教师在教学过程中所涉及的教学材料和教学方法两方面的内容。其中，教学材料的适度性指的是教学过程中所选择的教学资料代表的是目的语国家的正统文化，并非个别现象。教学方法的适度性原则则是从教师的角度来说的，指的是教师应该尽量多地向学生提供学习的机会，以促进学习效率的提升。

不过，要更好地遵循文化教学的适度性原则，还需要以下条件的共同作用：

（1）教师根据教学目的和任务的需要，在考虑学生接受能力的基础之上适度地教授学生习得所需要的文化内容。

（2）教师可以帮助学生尽可能地扫除"当前文化的障碍"。换句话说就是，如果教师在进行实际授课的过程中遇到了文化障碍，那么就要从文化背景的角度展开分析，以便为以后遇到类似问题时提供帮助。

（3）教师要有针对性地开展文化知识的教学，合理分配课时，避免在不重要的内容上花费过多的时间。

三、文化教学的现状

近年来，随着国际交流的增多，文化多元化的趋势日趋明显，人们也意识到跨文化交际能力的重要性。作为跨文化交际能力培养的前沿阵地，英语教学领域早就有人意识到语言知识教学不能满足跨文化交际活动的实际需求。在我国，英语教师虽然普遍认识到语言知识教学的局限性，但在实际操作中仍然受到各种因素的限制。以下将从五个方面介绍我国大学英语文化教学中存在的主要问题。

（一）教师的文化教学意识淡薄

教师群体对于跨文化教学理论并不熟悉，常常根据自己对教学的设想来设计和安排教学活动，导致教学目标出现偏差，教学活动达不到预期效果。

教师对跨文化交际能力的构成要素持有不同理解。跨文化交际能力的构成要素具有多样性和复杂性的特点，但学术界对于认知(知识)、情感(态度、动机)和行为（技能、行动）的三分方式还是普遍认可的。教师群体也普遍认同这一观点，但对这三个方面的理解有所不同。教师最看重的依然是语言文化知识，认为语言能力必须达到一定水平才能进行跨文化交际活动，只要具备了语言能力, 交流起来就会很容易。虽然语言中就蕴含着文化元素, 学习语言知识的同时, 不可避免地会习得与文化相关的内容, 但有意识的文化能力培养也不应被忽视。有部分教师认为学生的语言能力不够而不敢在课堂中尝试跨文化交际活动, 担心学生无法完成。缺乏设计的文化教学与语言教学常常出现脱节的情况, 使得文化内容成为静止的信息, 失去了对学生的吸引力。此外, 教师对于跨文化交际能力的构成的理解仍存在一些局限, 如极少有教师认为跨文化交际能力应当包括公民意识。

（二）学生消极的学习态度

学生跨文化交际能力的不足表现为缺少主动学习的动力和动机, 认为中国人没有必要学习外语, 了解外国文化。产生这种观点的原因主要有两种: 其一是英语学习的功利化思想。从初级教育开始, 学生就养成了重视考试内容的思维方式。到了高等教育阶段, 学生还是难以摆脱这种被动、消极的学习方式。此外文化内容基本不作为考试内容, 在一定程度上使得学生忽视了文化的重要性。其二是单一文化环境造成的文化狭隘。学生缺少与外国人交流的机会, 而且有不少学生认为, 毕业之后只在国内发展, 不打算从事涉及英语的工作, 因此没必要学习外国文化, 了解其他国家的文化价值观。还有部分学生认为中国人没必要学英语, 学习西方文化是一种崇洋媚外的表现。如此狭隘的思想不仅是缺乏文化平等观、文化认同感的表现, 而且是一种心智不成熟的表现。

学生跨文化交际能力的不足还表现在对跨文化交际缺乏信心, 不敢主动甚至刻意回避与外国人交流, 容易产生交际焦虑。焦虑感源于对陌生文化中人们的态度、感觉、信仰、价值观及行为的不确定, 缺乏预见力。说明学生不熟悉也不了解外国文化, 因此难以产生文化认同感。跨文化交际时的正面、积极、外向态度对于获得交际愉悦感至关重要。交际活动中, 如果可以做到以宽广的胸怀接纳各种文化之间的差异，然后持理解和尊重的态度，那么交际的愉悦感自然会上升。

值得注意的是，跨文化学习中，存在另一种趋势，即中国文化的缺失。西方文化的传播也有其消极影响，其中之一就是中国文化在跨文化教育中的缺失，英语教育成为单一文化输入。部分学生滋生了一种崇洋心理，甚至有些极度狂热的追捧者竭尽一切可能模仿西方文化，盲目放弃母语文化的精华。这样的结果只会有一种，那就是产生了一种既不融于目的语，又与母语格格不入的畸形形式，最终将会是一种游离于两者之外的"怪胎"。

（三）受到教材内容的限制

教材是课堂语言输入的主要材料，在以课本学习为主的中国大学英语课堂中，教材是决定跨文化教学开展情况的主要因素。教材具有权威性、准确性和真实性的特点，是课堂教学的依据。但是，教材的适用性也有局限之处，会受到社会需求、学习者需求和教学理念变化的影响。当前，我国高校所采用的英语教材主要还是知识类占的比例大一些，主要还是向学生进行知识的传输，从而忽略了英语教学过程中的语言形式的传播，这就导致了英语教材中有关目的语国家的文化背景、价值观、世界观和思维方式等方面的内容少之又少。从这个角度来理解，也可以看成是所选英语教材的内容阻碍了我国英语文化教学进程的开展，这就会导致学生在进行那些非语言形式的西方文化因素的学习过程中，缺失了对生活习惯和思维方式等方面的了解。再加上教材的内容本来就有很大的限制，因此教学内容也大多集中于这些方面，从而忽视了文化因素在进行语言教学过程中的作用。总之，教材内容的有限性使得学生没有太多的机会接触那些英语文化中所涉及的一般准则，因此即使我国已经开展了多年的大学英语教学，学生对英语综合能力的实际运用还是有所欠缺。

（四）应试教育严重阻碍了文化教学的发展进程

在我国，对大学英语教学水平进行测试的一个手段就是英语四、六级考试。我们不能全盘否定英语四、六级考试在我国大学英语教学进程中所起到的作用，但是需要认识到我国目前的英语四、六级考试在某些内容上是不够合理和全面的。说到底，忽视英语教学中语言知识教学的不只有英语四、六级这一种形式，其他相关考试也同样如此，这是我国现阶段大学英语教学的一个无法避免的事实和弊端，要想使这一现状得以改善，还需要做出很大的努力，也还有很长的路要走。

（五）文化教学内容具有片面性

我国目前的高校英语教师对文化教学的认识还比较片面，他们认为只要在英语教学过程中逐渐融合一些有关文化内容的介绍就是文化教学了，这是一种狭隘的理解。说到底，文化教学的概念是十分丰富的，而且涉及众多方面，并不是一两句话就可以解释清楚的。这就对英语教学提出了更高的要求。相对来说，比较容易实施的就是教师向学生传授如何利用特定的文化情境展开英语的交流学习，这种方法相对来说比较容易实现，但有其自身的局限性，那就是对知识的讲解过程中灌输的意味比较明显，在一定程度上削弱了启发性学习。这就决定了即使是教师在教学过程中采用了这种教学方法让学生掌握了一定的文化内容，但是由于实际的跨文化交际过程中所面临的情况是非常复杂的、无法估计的，也会导致学生在面对真实的交际情况时，自己原来掌握的那些传统的文化特征及行为规范等往往对跨文化交际的成功无法起到足够的支持作用。

四、文化教学的意义

（一）文化教学是英语教学改革的需要

在过去很长的一段时间内，我国在开展英语教学的过程中都将对语言知识和形式方面的培训内容看成教学的重点，忽视了文化在交际过程中所起到的重要作用。新课标中与英语教学有着密切联系的方法、理念、目标及评价方式等都相应地发生了一系列的改变和调整，人们有关语言学习的认识也发生了变化，不再仅仅将外语的学习过程看成是掌握语言的过程，更重要的是要将语言学习当成接触和认识文化的过程。文化因素始终是一种制约语言学习的隐藏因素，这就意味着即使是很出色的语言学习者，在实际的交际过程中也有可能受到文化因素的影响而对周围世界的理解产生偏差。另外，人们所处的语言环境和文化背景的不同也会影响自身的人格、价值观和思维方式的形成。从这个角度来说，外语学习就不仅仅局限于改变思维方式了，更重要的是可以上升到对学习者的人格和价值观方面施加影响的高度。

对外语及外语文化知识的学习可以帮助我们从不同的角度来重新认识和观察我们所处的这个世界。只不过在这一过程中，我们需要认识到外语教学是一种具有很强的跨文化特性的人文教学方式，这就在一定程度上要求教师在教学过程中要向学生尽可能多地传授目的语国家的文化知识，然后尽力让学生认识到母语与目的语之间存在的语言文化差异，并培养对这一差异的感知能力，这样就可以在一定程度上提升学生的文化比较能力，从而提高学生的语言交际能力和文化素质。

（二）文化教学是语言教学的需要

一般来说，传统的英语教学由语音、词汇、语法、修辞这四个方面的要素组成，它们共同组成了英语教学的核心内容，但是如果实际的英语教学内容只包括上述这些内容就未免有些狭隘和空泛了，四要素所包含的内容只是英语教学的冰山一角，如果要概括全部内容是不够准确的，也难以做到。语言是文化的一个非常重要的分支，承载着文化的内涵。所以，如果只懂得语言而弄不清楚其背后的文化的深刻内涵，那么在实际使用语言的过程中就会产生一定困难，甚至会闹出误会。因此，从这个角度来说，语言和文化是一个相互影响和作用的共同体，两者不可单独存在。

（三）文化教学是人才培养的需要

20 世纪中期以后，我国的英语教学开始受到多方面因素的影响，致使人文教育受到了前所未有的冲击，这种情况下提升学生的英语综合能力就成了新的教学目标。或者我们可以将新的语言学习的过程理解为对新的交际能力的掌握或者是认识一种全新的文化的过程。在这之后，学生在掌握了母语文化与目的语文化的区别的基础之上，就可以在一定程度上对英语文化的要素有一个比较全面和客观的认识，然后从一个全新的角度来审视本国文化，这样就会为学习打下良好的基础，更好地应用于实践。

（四）文化教学是提高教师素质的需要

目前，我国大部分英语教师的文化素质相对薄弱，而只有英语教师自身具备一定的文化储备，才能向学生传授得体的交际知识并使其文化知识水平得到提升。英语教师教学能力的提高并非一朝一夕就可以实现的。作为教师，自身应该加强对这方面知识的涉猎，包括研读一些相关的文献。只有英语教师的文化知识水平得到相应提升，才可以在一定程度上推进文化教育向前发展。

（五）文化教学是促进国际交流和合作的需要

我国在全国高校范围内对学生进行英语教学的目的主要是促使学生与目的

语国家的人顺畅沟通，从而实现国家之间的进一步交流和合作。目前，全球化趋势加强，文化领域的交流也在不断增多。从这个角度来说，促进我国大学生进行英语综合能力水平的提升不仅是教育改革目标的要求，更重要的是 21 世纪国家发展对新型人才的需要。如此一来，有关英语文化的教学要始终贯穿整个英语教学过程，而且要将语言、文化等内容体现在实际的教学过程中。

五、对比教学的实施方法

要实现教育改革的相应目标，促进我国英语教学现状的好转，就要对高校英语教师的教学能力做进一步的要求，主要是有关教学方法的合理利用。下面介绍五个主要的教学方法。

（一）文化包法

文化包法通常是指将教学内容的学习与讨论形式进行一定结合后开展的教学，是提升应用英语文化知识与加深学生对本国文化的理解的重要方法。文化包中通常都包含一份有关外国文化背景的简介，学生对这部分资料进行自主学习后，由教师组织活动，让学生对所学材料的内容展开文化对比讨论。例如，在讲授有关健康饮食方面的内容时，首先，教师为学生准备一份关于西方饮食文化方面的材料。其次，引导学生根据教师所提供的材料进行自主研究讨论。再次，对上述研究与讨论进行总结，并将其与我国的饮食文化作类比研究，结尾进行对比分析讨论。这种教学方式的目的在于通过这种介绍、讨论、对比、分析等有意识的活动，增强学生的跨文化意识，继而达到提高语言能力的目的。最后，再以综合讨论的方式消化这个主题的内容，如有关西方饮食文化的文化丛，可以分解为饮食观念、饮食对象、饮食方式等三个文化包，这三个文化包完成后可以综合介绍、讨论东西方饮食文化的异同。通常来说，文化包的授课时间是比较短的，会持续 10 分钟左右。但是具有类似功能的若干个文化包就可以上升到文化丛的阶段，那么这些内容就可以构成一节课了。

（二）对比分析法

对比分析法是加深对本国文化理解的主要方法，也为语言学习中如何正确地区分知识文化与交际文化因素提供了依据。例如，汉语与英语这两个分属不同语系的语言，在文化发展、社会制度等方面都存在着巨大差异。这时运用对比分析法就显得极其恰当。通过对比分析不仅能对表层的语言结构形式进行对比，也能深入地进行语言内涵的对比。

（三）讨论法

讨论法相对其他教学方法来说是比较容易实施的一种，因此应用范围还是比较广的。教师在具体的实施过程中首先要按照一定的比例把学生分成不同的小组，然后以小组为基础单位进行教学，小组内各成员就各种问题展开激烈讨论并发表自己的意见和看法。讨论的内容可以是包括概述、对比和分析等。这样不仅可以让学生感受到西方文化中一些本质上的东西，而且可以提高学生对西方文化的感知能力，以便在日后交际中可以迅速做出反应。

总体来说，教师采用讨论法的教学方法除了可以增加学生的学习兴趣，还可以在一定程度上促进学生记忆力的提升，使学生加深对讨论结果的印象。

（四）文化体验

文化体验是培养学生跨文化意识最直观、最有效的方法。莫兰认为："文化是一个现象，动态而又鲜活。人们参与文化，创造文化，经历和创造着自己的历史或文明。"[1] 这实际上是一系列的方法，通过一个循环的过程进行文化学习。这个过程包括参与、描述、解释、回应四个步骤，也就是学校要尽可能

① 李晓玲：《大学英语教学方法研究》，陕西科学技术出版社2020年版。

多地组织学生积极参加有关语言的实践活动，帮助他们从更深层次、全方位理解目的语文化。在这里，有关文化活动的形式可以不拘泥于一种独立形式，可以是有关舞台剧形式的台词训练和表演，也可以是其他形式的可以调动感官参与的影像等一切活动。除了以上课堂内使用的方法，也可以把外国文化作为教学材料，开设专门的课程。课程内容可以是外国的习俗、风土人情、典故、历史等。

目前，有关文化教学的研究和讨论已成为外语教学界的热点话题，而且将在一定时期内继续深入下去，其未来的发展将呈现两方面的趋势：文化日益多元化和复杂化，教学目标日益本土化。在全球化、网络化的今天，越来越多的英语使用者是将英语作为第二语言或外语，这时的英语被当作国际交流的一种工具。这类跨文化交际的情形日趋多元化。因此，在外语教学中，文化教学也越来越显现出其复杂性与多面性。

在我国以往的英语教学中，跨文化教学一直采用差异对比与导入式方法，长时间忽视关于不同国家国文化之间的相互作用会影响到母语在外语学习过程中的渗透作用，导致教学中母语文化内容严重不足。如今，已经有很多人开始关注并开始研究这类问题，甚至在课改中也将这方面的内容视为重点问题，而且将对母语文化的理解和掌握程度看成文化教学过程的一部分，从这个角度来说，其对英语教学起到一个良好的促进作用。

（五）文化旁白法

文化旁白法其实就是注释法的一种特殊形式，具体是指在语言教学过程中，教师灵活、机动地将相关教学中会涉及的知识点进行简单介绍，从而消除学生在外语学习中遇到的语言认知障碍。但文化旁白法也存在一定的不足之处，由于教师这一主观个体对文化旁白来说就是实施者，这就在一定程度上决定了文化旁白的随机性。从教师的角度来说，教师应具备较高的驾驭语言与文化的能力。教师可口述并充当讲解员，也可以运用多媒体手段用图文并茂的形式对相关内容进行讲解，目的是更好地帮助学生理解所读或所听的内容，又有助于丰富学生的感性认识，促进其理解。

第二节　大学英语情感教学

从心理学的角度来说，人类所进行的几乎所有的活动都与情感有关，我们将其称为情感体验。但是这种情感体验又有积极和消极之分，我们将那些对人的活动产生积极促进作用的称为积极情感体验，反之则称为消极情感体验。基于上述因素，英语教师在进行教学的过程中要随时观察学生的情感变化以及对教学所产生的影响，但是这种情感的影响也并非都是正面的和积极的，如果产生了负面影响，还需要教师及时进行引导，让学生们体验到正向的激励作用。以下就从情感因素的各个方面入手展开分析。

一、情感的内涵

（一）情感的定义

情感，说到底可以理解为一种人类大脑技能的外在体现，是对不同客体所表现出来的内心真实感受的外在表达。情感其实是一个综合体的具体体现，不仅包括主体和客体，更重要的是可以满足学生的不同需要。情感的发展说到底是一个逐渐适应的过程，即个人的情感与自身发展和社会的需要能否达到高度一致性的调节过程。

前面已经提到情感有积极和消极的区别，通常愉快、自信、高兴等都属于积极的情感表达；相反，害怕、恐惧、焦虑、厌恶、悲伤等都属于消极的情感表达。这些情感状态反映在学生的日常生活中，是可以很直观地看到的。

此外，情感和态度从某些方面来说具有一定的内在联系，所以在对情感因素进行分析和理解的过程中也很有必要对态度进行相关介绍。态度总体来说就是针对客观事物、活动或者思想行为所表现出来的一种是非观。同样，态度也有积极和消极之分。一般来说，我们可以根据一个人所表现出来的对某些事或物的态度来推断其内心的真实情感。只不过需要注意的是这种情感判断具有很大的主观性，而且并非绝对，所以学习过程中要加以判断。

（二）情感的功能

情感对教师的教学效果和学生的学习行为都有着深刻影响，总体来说主要有以下五种功能：

1. 迁移性功能

迁移性功能实际上表述的是有些学生由于对某个教师比较偏爱或者是其他方面的契合度比较高，继而表现出对该教师所讲述的学科内容的极大兴趣，从这个角度来理解，即为教师的个人魅力已经成功引起了学生对该教师所教授课程的极大关注和喜爱。

2. 动力性功能

动力性功能所表现出来的主要是一些学生的智力因素以外的东西的影响。一般情况下，该动力性系统所产生的动力对教学效果的影响是成正比的。也就是说，动力性系统发挥出的作用越大，教学效率提高得越快，那么最终的教学效果也是非常令人满意的；相反，如果动力性系统发挥的作用小，学习效率就会较低，最终的教学效果也会不尽如人意。

3.感染性功能

感染性功能比较容易理解，单单从字面意思来解释就可以看成是教师以身作则，以自己的情感去感染和引导学生进行学习，从而达成一致。例如，教师在进行课堂授课的过程中将自己的真实情感表达出来，主要表现在讲课的语调、说话的表情等方面，这样学生感受到的也会是积极的情感，从而产生心理上的共鸣，进而将更多的注意力放在学习上。

4.调节性功能

调节性功能主要指的是教师对学生的情感因素方面的调节，主要包括自信、兴趣、厌恶、焦虑等。通过提高学生的兴趣、自信等积极情感因素和缓解学生的焦虑、厌恶等消极情感因素，可以在一定程度上对学生的学习步调进行调节，避免学生提前进入懈怠阶段。

5.激发性功能

激发性功能主要指的是积极的情感因素对学生智力的激发作用，这种功能体现在学生身上就是促使智力水平的提升或者是超乎寻常的存在。

总体来说，要想使学生的英语学习过程受积极的情感因素支配并保持向上的学习状态，就需要学生在日常的学习过程中保持乐观、积极态度，以饱满的精神状态和勇于创新的实践精神迎接挑战，从而获得学习效果的提升。

二、情感教学的基本内涵

（一）情感教学的定义

情感教学的定义是一个比较广义的概念，主要是由于各个学者对于这一概念的认识和侧重点有一定差异，因此也就产生了多种多样的定义。下面就针对一些比较常见的观点进行阐述和分析。

（1）情感教学可以说是通过情感来使得教学的主导思想得到进一步优化，因此从这个角度来说，也可以将其称为"以情优教"。这一定义的中心内容是以心理学为指导，然后在教学过程中将情感因素的作用发挥到极致，从而使教学目标得到实现、教学效果得到提升。

（2）情感教学指的是师生都以饱满的情感投入教学和学习过程，学生在教师的语言、态度和行为的感染下使情感表达达到顶端，然后促进教学活动所产生的积极性得到淋漓尽致的表现。

（3）所谓情感教学，从教师的角度来说就是教师的一切教学行为都是以教学活动为基本点的，然后再运用合理的教学手段和方式辅助实现对学生情感的激发、调动和满足需要的过程。在这样的作用下，学生的认知和情感可以实现高度融合，从而促使最佳教学效果的形成，提高学生的综合能力水平。

从上述定义可以看出，它们并不完全相同，都有各自的侧重点，但是三者之间对情感教学的本质理解还是存在高度一致性的。这三个方面从根本上来说都是以学生的全面发展为出发点的，然后通过合理的教学方法的辅助来实现学生情感的极大满足，为学生综合能力水平的提升提供有力支持。

（二）情感教学的理论基础

关于语言教学过程中的情感因素的发展，在对有关资料进行考察的过程中发现在20世纪60年代就已经开始研究这一相关概念了，其中具有代表性的国内外学者主要有束定芳、罗杰斯、艾瑞克森、克拉申、哈钦森及奥斯贝等。其中，最具代表性的要数艾瑞克森和罗杰斯了，他们两位是最早对情感教学展开研究的，后来还在他们研究成果的基础上形成了一个具有现实意义的人本主义学派，根据他们的理论将学生看成一个带有情感因素的并且和其他人有所区别的个体的存在。再后来，美国学者克拉申在该学派的基础上提出了自己关于情感理论的猜想。在他看来，情感是一道天然的心理上的屏障，可以自动对获得的所有的语言知识进行过滤，筛选出有用的信息。从这个角度来说，学生在情感的驱使下并不能全部理解所学到的知识，而过滤作用的高低同样对接受能力产生影响。

随着时间的进一步推移，更多的学者开始投入更多的精力和时间来对情感教学在英语教学过程中的实际应用展开研究。在这方面，成绩比较突出的是美国心理学家奥斯贝，他在前人的基础上结合自己的亲身实践，总结出有效学习所应具备的两个条件，即学生是否已经完全掌握了所学知识应该具备的认知条件和学生是否已经掌握了知识所具备的情感条件。除此之外，对情感教学方面的研究取得突出成绩的还有语言学家哈钦森，他在自己的理论中表示，语言的学习过程其实是可以和情感经历画等号的。因为在他看来，情感因素在很大程度上可以直接影响最终学习效果的好坏。从这个角度来说，任何一种学科的教授都与情感因素有着密切关系，因而大学英语教学中也应具备相应的情感因素。

此外，我国著名学者束定芳也在情感教学研究方面颇有建树。在他看来，情感因素在一定程度上是制约学习效果获得的一个层面。还有著名学者王初明也根据自己的研究和理解提出了积极的情感因素有利于学习进步的观点，而消极的情感因素则具有负面影响。

（三）情感教学的基本原则

在我们看来，情感的获得并不是通过直接的课堂活动就可以学习到的，但是它却在侧面影响着教学成果。就这方面的因素考虑，教师需要在实际教学过程中以情感教学为指导原则。常见的情感教学原则主要有以下四个方面：

1. 以情施救原则

这一原则可以说是情感教学原则中最具有代表性的一种，主要是从情感的角度出发，以情感促进知识的获得，最终达到知情合一的境界。简单来说，就是教师在课堂授课的过程中逐渐将自己的情感注入其中，促使情感和知识合二为一。只不过在使用这一原则的过程中，教师要对自己的情感有一个准确把控，只有那些积极和正面的情感才会对学生的学习起到促进作用。另外，以情施教原则同样适用于对实际教学内容的处理。

2. 情感交融原则

情感交融原则是存在于师生之间的，而且这种情感的好坏直接关系着学生对情感做出的反应。也就是说，如果师生之间存在着一种相对和谐的关系，就会促进学生积极性的形成和学习效果的达成。我们都知道，教学活动是发生在师生之间的，属于特殊的师生情感交流方式。从这个层面来说，情感交融原则是师生间必须遵守的原则。

3. 移情原则

前文已经说到，一个人的情感是可以通过某种途径向相关对象身上转移的。如果将这一理论原则应用于实际的教学过程，主要体现在以下两个方面：一方面，教师的人格魅力、知识水平和个人修养等个人情感因素都会对学生的情感产生一定影响。另一方面，文章中涉及的人物自身所带有的情感也会对学生的情感产生一定影响。在使用这一原则的过程中，教师要注意引导学生对文章中的人物情感和作者的写作意图加以理解与体会，达到陶冶学生情操的目的。

4. 寓教于乐原则

这一原则是教学原则中最核心的部分，其主要是为了让学生在一种愉快的氛围下学习，它要求教师对教学活动中可能发生的情况有一个很好的把控，做到心中有数，从而提升学生学习的兴趣和积极性，使其从心底里接受学习并愿意学习。教师在使用这一原则的过程中应该将注意力放在对学习状态的平衡上，而不是将过多的注意力放在调节情绪上，这样才可以保证课堂活动顺利开展。

三、情感教学的影响因素

影响情感教学的因素归根结底可以概括为两个方面：一是焦虑、自尊心和学习动机等方面的学生个人因素，二是课堂交流、移情等方面的人与人之间的因素。以下我们主要从焦虑、自尊心、课堂交流及移情等影响因素展开讨论，而学习动机将会在后面的章节中详细讨论，在此不再详述。

（一）焦虑

焦虑其实就是一种心理上的消极情绪，这主要是由于学习者在学习过程中自尊心或者是自信心受到一定打击的时候的外在情绪表现。美国著名心理学家阿尔伯特·埃利斯经过多年研究后将焦虑按照不同的发生原因分为以下三种类型：

（1）情境型焦虑。这种焦虑是在具体的情境中受到特定刺激后表现出来的。

（2）气质型焦虑。这是一种与自身有关的焦虑类型，而且这种焦虑会长久地存在于人体内。

（3）状态型焦虑。这种焦虑的发生主要体现在某一个具体的点，它可以说是前两种焦虑形式的综合反映。

在实际的教学过程中，学生为什么会产生焦虑情绪呢？我们可以从以下三个方面进行解释：

（1）学生的个性差异。一般来说，焦虑发生在那些性格比较内向或者是对自己不自信学生身上的概率会比较高。因为这一类型的学生大都不太爱表达，而且害怕出错，所以表现出来的就是不积极主动回答问题和参加课外活动，即使回答问题也表现得惊慌失措。

（2）文化背景的差异。大学生通常来自天南地北，甚至有的来自偏远地区，导致学生的能力水平存在很大差异。所以对那些基础知识不够扎实的学生来说，由于自卑而不敢开口甚至怕说错后被嘲笑，长此以往，就会形成焦虑情绪。

（3）教学方式的差异。教师选择什么样的方式进行教学、师生间的交流、教师在课堂上的点名纠错都是学生产生焦虑情绪的重要来源。

关于焦虑的影响，很多学者都有自己不同的看法和观点。有的认为焦虑是导致教学失败的一个重要原因，而且是无法避免的。但是焦虑的存在也并非只有负面影响，它是教学过程不可或缺的组成部分，因为焦虑因素的存在可以在一定程度上适当提高学生的紧张感，而这种适度紧张感的存在可以增强学生的学习动力，从而有效激发学生体内的潜力，达到理想的学习效果。只是有关焦虑的度是教师需要考虑的重点内容，我们可以从以下两个方面进行解析：

（1）适当减轻学生的焦虑情绪。教师不必对学生所犯的所有错误都进行指责，可以选择"睁一只眼闭一只眼"的形式，让学生自己去理解和认识到错误的存在和进行改正的必要性。另外，还可以鼓励学生多参加一些使自身能力得到锻炼和提升的英语活动，并且专门对取得一定进步的学生进行课堂表扬，以增强他们的自信并让他们享受进步所带来的喜悦。

（2）适度增加学生的紧张感。教师在教学过程中可以适度增加学生的紧张感，但这并不代表教师可以一味对学习进度进行催促，而是激发学生所具备的各种潜能，让他们在不断努力下实现自己的学习目标。

（二）自尊心

从学生的角度来说，自尊心通常指的是学生的自我认识与评价，对学生的学习过程有着一定的影响。即使是相同的语言环境，那些不够自信甚至有较强焦虑心理的学生主动问答问题的概率会非常低，更别说参加一些英语活动了。这对他们来说就相对减少了一些英语实践的机会，学习效果也不尽如人意。教师要综合考虑这些问题，然后根据每个学生的不同状态和学习能力来进行因材施教。学生通过这样的方法学习一段时间后就会明显感到自身的进步，同时自尊心也会得到相应提升。

（三）课堂交流

课堂是教师进行教学和学生进行学习的地方，而师生关系和生生关系都是以课堂为基础建立起来的，由此可以看出课堂交流在语言学习过程中所担当的重要角色。在这一过程中，教师要放下自己严师的架子，主动和学生融合在一起，然后通过自己的能力和掌握的知识帮助学生解决学习过程中所遇到的难题。这样一来，学生就会认识到自身的闪光点，从而愿意学习并在学习中取得相应的进步。

（四）移情

换个角度说移情可以理解为换位思考，也就是从另一个人的角度来看待某种行为和意识。移情对师生间和谐的人际关系塑造具有一定的促进作用。不过这里所说的移情并不意味着让学生放弃自己的个人情感而完全认同教师的观点。在课堂教学的过程中，良好的师生关系对良好学习氛围形成有一定的促进作用。如果两者一直处于疏远或者对立的状态，势必会造成一种情感上的漠然，直接影响交流的效果。这就要求教师在实际的教学过程中和学生处于平等的交流空间，不可以随便将自己的观点强行输送给学生。

四、情感教学的意义

情感教学是英语教学的一个重要组成部分，而且起着非常重要的作用。但是，从目前的大学英语教学过程来看，教师大多注重的是对学生知识理论的教授，而没有将情感因素放在重要的位置进行衡量，发展情感教学可以在一定程度上缓解这种不合理现象。

大学英语教学的特殊性决定了情感教育的特殊地位。对于我国学生来说，英语与母语有很多不同的地方，因此好多学生初学的时候会表现出极大的反感，这时候情感教学就可以派上用场了。教师如果在教学过程中合理运用情感因素就可以在一定程度上快速实现教学目标，而且会缓和师生之间的关系，反之则会使教学以失败告终。所以在情感与知识相互作用的教学过程中，师生的情感投入都是以正比形式存在的，并且对教学成果有着最直接的影响。

对学生进行情感教学并不单纯是为了以情感来感化学生，更重要的是为了达到教育学生的目的。情感教学中，学生的主体地位也会表现得比较突出，其主要意义可以从开发潜能、提升综合素质、培养意志力及创造性、融洽师生关系、积极参加活动和培养自信心六个方面来进行阐述。

五、情感教学的实施办法

（一）加强学生认知

目前，我国高校范围内的英语教学正在进行多方面改革，新的教学模式的形成对学生的学习过程提出了新的要求，如要求学生积极主动参加课堂或课外活动，继而参与知识的构建，然后尽快融入社会。对于教师来说就是要采用有针对性的方式对学生进行因材施教，因为每个学生的接受能力和自身所具备的基础知识是参差不齐的，教师只有了解了这些情况后对症下药，才能收到满意的教学效果。

（二）帮助学生克服情感态度方面的问题

可以说，在整个英语学习过程中始终有焦虑情绪的存在，严重的可能会引发紧张或害怕的情绪。教师此时就需要帮助学生尽可能地克服这些弊端，主要可以从以下七个方面进行：

（1）通过学习小组的组建来保证那些学习存在一定困难的学生的参与度。

（2）相信那些学习有困难的学生可以通过自己的努力获得进步。

（3）对那些学习有困难的学生要多沟通和交流，鼓励他们克服困难，勇往直前。

（4）有耐心地为出现错误的学生进行讲解，而不是一味地指责。

（5）在合理的范围内适当降低对学生的要求，这样可以使学生享受到经过努力获得成功的喜悦。

（6）懂得关爱学生，并小心保护他们的自尊。

（7）善于发现每个学生身上优点，然后将其扩大化。

（三）建立良好的师生关系

我们已经知道和谐的师生关系对于英语教学的重要作用，只有建立良好的师生关系才能保证学生愿意打开心扉和教师进行交流，这样教师也可以最大限度地了解学生。从这个角度来说，教师可以从以下三方面着手：

1.展现教学魅力

教师在学生面前呈现个人魅力，除了可以使学生的注意力更加集中，还有助于增强教学过程的生动性。这样一来，学生的学习兴趣也就很容易被调动起来。

2. 真诚地爱护每一个学生

教师需要具有高尚的品格，这不仅包含教学层面的内容，还包含道德层面的内容。

教师应该秉承着真诚、公正的心态来对待每一个学生，做到一视同仁，不因学生学习成绩的好坏而有所区别。尤其是那些学习成绩不是特别理想的学生，其实他们是特别敏感的，教师要尽可能多地给予他们关怀和帮助，而不是指责和批评。

3. 提高自身素质

教师要尽可能多地学习，以不断提升自己的知识水平，同时要注意个人品格的修炼，以最好的状态开展教学活动。

第四章 中国文化英语自主学习研究

第一节 中国文化英语教育的必要性

为了提升国家文化软实力，我国政府提出了让中国文化"走出去"的国家战略。加强中外人文交流，向世界讲好中国故事，实现中华文化"走出去"是一个伟大的事业和伟大的工程，需要对中国文化英语的结构与表达进行创新研究与积极探索。究其学科属性，外语教育理应成为传播中国文化、讲好中国故事最有效的途径之一。自 2000 年南京大学从丛教授提出中国英语教学存在"中国文化失语症"以来，虽然外语学界一致认为应在外语教学中加大文化教学的比重，但很多高校和外语教师却认为"文化教学仅仅是有关英美文化的教学，致使许多大学生对西方节日文化的热衷远远高于对中国传统节日文化的热情。虽然，我们不能否认西方文化，但是，作为英语国家社会文化载体的英语语言已经对中华文化软实力的成长与提升形成了巨大的屏障"①。因此，在当前高校的大学英语教育教学中导入（融合）中国文化的元素，加强中国文化英语教学是非常紧迫和必要的。

---

① 许金莉：《提升文化软实力需求下的大学英语教学中"中国文化"的导入》，《中国成人教育》2015年第4期。

一、提升大学生对大学英语教学目的与意义的认识

教育部高等教育司 2017 年修订的《大学英语教学指南》明确提出"大学英语的教学目标是培养学生的英语应用能力，增强跨文化交际意识和交际能力，同时发展自主学习能力，提高综合文化素养，使他们在学习、生活、社会交往和未来工作中能够有效地使用英语，满足国家、社会、学校和个人发展的需要"。河北科技大学刘君栓、李占辉 2011 年 9 月在《吉首大学学报（社会科学版）》发表的学术论文《全球本土化语境下的英语教育探究》中指出："英语的国际化打破了以英国英语为中心的一体化格局，在全球范围内逐渐形成了各具文化特色，带有地缘政治、经济和民族特色的多种英语变体，如南非英语、印度英语、新加坡英语等。"这些英语变体既有助于促进实现平等的跨文化沟通与交流，又有助于促进英语全球化步伐的加快。为此，在我国，各高等院校必须重视"中国英语"这种英语变体的作用，并充分发挥外语学科在中国文化英语教学和跨文化传播中的作用。

二、增强大学生的文化自信和文化认同感

中华文化源远流长、博大精深、影响深远，"学习英语并不是要疏远本土优秀文化，而是为了在全球范围更好地传承并弘扬它"[1]。但英语以及英语文化学习必须以学习者的中华文化为基础，以它"作为与外族文化进行对比的工具，更深刻地揭示外族文化的一些主要特征，从而也加深对民族文化本质特征的了解，中国文化失语会造成学生对中华文化认同度降低"[2]。文化是一个国家、

---

[1]　雷婉：《全球本土化视角下高校英语教学中"中国文化失语症"探析》，《英语广场》2018年第9期。
[2]　雷婉：《全球本土化视角下高校英语教学中"中国文化失语症"探析》，《英语广场》2018年第9期。

一个民族的灵魂。文化兴国运兴，文化强民族强。没有高度的文化自信，没有文化的繁荣兴盛，就没有中华民族的伟大复兴。在实现中华民族伟大复兴的中国梦的伟大征程中，面对全球一体化、文化多样化、教育国际化、社会信息化步伐的进一步加快，我国高等学校英语教育要顺应加强中外人文交流、推进国际传播能力建设、讲好中国故事、提升国家文化软实力的时代要求，在英语教育教学中融入中华文化，帮助学生加深对中华文化的理解，构建其文化身份，培养其爱国情怀及对中华优秀文化的认同感、民族归属感和自豪感，更好构筑中国精神、中国价值、中国力量，增强其传播中华文化的使命感。

三、提升大学生的中华文化英语表达能力

语言是文化的载体，文化是语言的基础。英语语言文化教学的目标是提高学生对中外文化差异的敏感性和鉴别能力。语言教学分为语言能力、交流能力与社会文化能力教学三个层次。然而，笔者通过"问卷星"在我国高等学校在校大学生中开展的"中华文化英语学习现状调查"（编号：28533312）中发现，仅有14.41%的大学生"能比较清晰地用英语介绍中华文化"，仅有2.62%的大学生"能流利地用地道的英语介绍中华文化"，随着全球化和文化多样化进程的加快，面对国家提升文化软实力战略和大学英语教学中"中国文化失语症"现象，中国语境下的英语语言文化教学中必须融入中华文化的教育及中外文化的对比，通过文化教学与现代化精神之间的联系，"培养学生双向、平等的跨文化意识，树立对待文化差异的宽容态度，有利于增强学生用英语准确表达中国元素的跨文化交际能力"[1]，从而培养学生的思辨性与交流能力，增强学生

---

① 引自北京外国语大学中国外语教育研究中心文秋芳教授于2014年3月22日至23日在北京召开的"全国高校大学英语教学发展学术研讨会"上的主旨发言《"输出驱动—输入促成假设"与大学英语教学改革》。

应对文化多样化的能力，提高国家的文化软实力。正如北京外国语大学中国外语教育研究中心文秋芳教授在"全国高校大学英语教学发展学术研讨会"上所言："通过内容与语言整合性教学法，在中西方跨文化层面上培养学生思辨性鉴别与交流的能力，既有赖于中西文化传统知识的有效输入，又依托于有效的语言输出训练，即通过对输入的知识进行有效的思辨训练，来拓展学生的思维能力，促成学生语言表达能力的提升。"[①]

四、促进大学生的英语学习

国内第二语言习得研究专家、学者及一线教师在探究母语及母语文化对外语学习的影响时，"对负干扰的研究较多、较透彻，对负迁移的作用也有夸大之嫌"[②]。然而，大量的第二语言习得研究与实践结果显示，"母语和母语文化对外语学习和外语交际能力的培养具有相当大的正迁移作用"[③]。克拉姆什（Kramsch）曾经指出："对外国文化的理解必须把该文化放在与本族文化的对比中进行，语言教学中的文化切入包含着对目标语以及母语的再认识。"[④]学生在学习中华文化英语时，应着重学会如何构建中华文化英语表达与结构，以及如何准确地用英语介绍中华文化和用英语讲述中国故事，通过两种语言和文化的对比，理解并掌握相关语言知识点和具体故事的文化内涵，以发现其中的共性和个性，进而促进英语学习和对中西方文化的理解，为今后参与中外文

---

① 引自北京外国语大学中国外语教育研究中心文秋芳教授于2014年3月22日至23日在北京召开的"全国高校大学英语教学发展学术研讨会"上的主旨发言《"输出驱动—输入促成假设"与大学英语教学改革》。

② 刘正光，何素秀：《外语文化教学中不能忽略母语文化教学》，《西安外国语学院学报》2000年第2期。

③ 唐智霞：《英语教学与中国文化教育问题的思考》，《教育与职业》2009年第18期，第。

④ Mark Knowles Claire Kramsch: Context and Culture in Language Teaching. Modern Language Journal, 1993, p565.

化交流、用英语讲好中国故事奠定坚实的语言和文化基础，从而为推进"一带一路"建设、弘扬中华优秀传统文化、提升国家文化软实力、实现中华文化"走出去"贡献力量。

五、维持大学英语文化教学的生态平衡

随着社会发展和全球化趋势的进一步推进，多元文化主义已经成为不可逆转的趋势，各种文明和各种文化之间的互学、互鉴、互动日趋频繁，多元文化如何和谐共生成为亟待解决的问题。人类所创造的每一种文化都有其独特的价值和特点，文化生态学主张"从人类生存的整个自然环境和社会环境中的各种因素交互作用研究文化的产生、发展和变异"[1]，认为"在顺应自然环境和社会发展的前提下，多元文化既保持其各自的核心价值观又兼收并蓄、和谐共生，应以动态、和谐的眼光看待文化，保持语言文化的多元化并促进不同语言文化的融合与发展"[2]。当前大学英语教学中，专门开设中国文化课程的少之又少；目前使用的大学英语教材中涉及的中国文化内容不多，对中国文化英语教学方法的研究不多，学生在大学英语的课堂中接触到中国文化相关内容的机会不多。面对当前高校大学英语教学实践中割裂了"传承"和"学习"的生态关系而导致的"中国文化失语"现象，必须创新新时代的外语教育教学理念，摆脱传统外语教育教学只把外语作为"西学东渐"的工具，树立外语也必须为"中学西渐"服务的教育教学理念，"将中华文化教育融入大学英语教学之中，保持文化的多元性和语言的多样性，维持文化生态的平衡"[3]，促进不同语言文化的和谐

---

[1]　J. H. Steward：《文化变迁》，张恭启译，远流出版事业股份有限公司1989年版。
[2]　谭苏燕：《文化生态学视角下的中国文化失语问题探讨》，《广州大学学报（社会科学版）》2014第5期。
[3]　李力维：《论大学英语教学中的中国文化教学》，《内蒙古农业大学学报（社会科学版）》2018年第1期。

共生，培养更多熟悉中国文化英语表达、能用英语讲好中国故事的新时代大学生，以适应中外人文交流和中华优秀传统文化传播的需要。

六、助推"一带一路"倡议和中国文化"走出去"国家战略的实施

加强中国文化英语教育是适应"一带一路"倡议和中国文化"走出去"国家战略发展的迫切需要。近年来，随着共建"一带一路"倡议的不断推进，需要在更高层次、更宽领域实现对外开放，与世界各国开展国际合作，越来越多的国家参与共建"一带一路"，中国文化的地位和作用也越发凸显。中国文化"走出去"战略是在我国综合国力不断增强、世界影响力迅速提升和国际文化影响力趋于低迷的背景下，我国政府推动的国家重大文化战略，对于中国文化的觉醒、复兴、整合具有积极的推动作用。面对世界格局的变化，随着经济全球化、文化多样化、教育国际化、社会信息化的趋势日益加剧，在新时代，中国文化"走出去"战略被赋予了全新的内涵和意义。然而，当前高等学校大学英语教育教学中"中国文化失语"现象不仅是对文化教学生态的破坏，更是推进"一带一路"建设和中国文化"走出去"国家战略发展的巨大障碍，为此，国内英语教学和海外汉语教学都应把中国文化教育融入教学范畴，努力培养具有国际视野、熟悉中华文化英语表达，能用英语讲好中国故事的中国文化英语学习者，充分发挥好他们在宣传中国文化、促进中国文化走出去、提升国家文化软实力方面的重要作用，真正实现"让中国走向世界，让世界更好地了解中国"。

第二节　影响中国文化英语学习
成效的主要因素

语言是文化的载体和传播媒介，是文化的外在表现形式和重要组成部分，是一种特殊的文化现象，文化习得需要大量的语言实践。文化习得的成效在很大程度上取决于语言的习得，中国文化英语作为一种特殊的英语语域，其习得也应符合英语（外语）习得规则和规律。外语学习是一个复杂的习得过程，其学习成效受诸多因素制约。国内外大量的研究文献表明，即使在相同的外语教学条件和教学环境下，具有不同心理特征的学习者的学习成效也会有差异。国内外对外语学习者的实验研究结果显示，这些在外语学习中的差异是诸多因素共同作用与影响的结果，涉及母语迁移、认知能力与方式、元认知、情感因素、年龄、性格特征、智力、语言学能／语言才能、文化因素、语言环境、语言习得的输入与输出、学习策略、学习方式等。

依据前人的观点和研究成果，笔者认为，影响成年人中国文化英语习得最主要的因素有智力、语言学能、学习态度、学习动机、学习兴趣、学习风格、学习策略以及语言环境等。

一、智力

根据《辞海》的定义，智力，也称"智慧"，指"学习、记忆、思维、认识客观事物和解决实际问题的能力"。智力因素是学好语言的一个基本因素，但对外语学习的影响到底有多大，到目前为止还没有定论。由于目前的外语学习主要是在课堂上而非在自然环境下进行的语言形式教学，如果智力偏低，学习外语的障碍和难度就大得多，效果就会差一些。当然，一个人的外语学习成效与能力关系密切。根据《辞海》的定义，"能力"就是"顺利完成某种活动并直接影响活动效率所必需的个性心理特征"。智力与能力，既有联系又有区别，如一个人有各种能力，但不是所有的能力都是智力，智力主要是指人在心理活动方面所表现出来的能力。国内外大量研究文献表明，智力和能力对语言学习都有影响；智力因素与年龄和环境因素有关：年龄越小，智力因素的影响越小；学习环境越正式，越需要综合分析能力和技巧，智力因素的影响越大。一个人的智力不是单一的能力，而是由多种能力构成的。对此，美国哈佛大学教育研究生院心理学、教育学教授雷化德·加德纳曾提出著名的"多元智能"理论。

二、语言学能

语言学能，又称"语言潜能"或"语言才能"，是第二语言学习的一种特殊能力，包括许多独特的能力，如听的能力、语言能力和记忆能力，是由一般能力和具体能力组成的一个综合体，反映语言学习的特殊认知素质和潜在能力。哈佛大学的卡罗尔（Carroll）教授认为语言学能由四种认知能力构成。分别是音素代码能力、语法感知能力、语言学习的归纳能力、机械记忆能力。

进入 20 世纪 90 年代，随着认知心理学、教育心理学、心理语言学和第二语言习得研究的深入，语言学能研究进入了一个跨学科研究的时代，其研究成果已经超越卡罗尔的学能研究传统，认为卡罗尔学能结构中的语法感知能力与语言学习的归纳能力有重叠，便将其整合为一个要素，即"语言分析能力"，与语言学习的中央处理过程相联系，而且有一些语言学习能力应该包括在学能结构之中，如母语能力、注意能力、工作记忆能力等。

现代学能研究发现，语言学能和动机具有同样的预测作用，被认为是影响第二语言习得的最重要的学习者个体差异因素，同时，现代学能研究认为，在学能结构上，语言学能是一个多因素组成的复杂概念，学习者的语言学能存在差异，即不同学习者的学能各有特点、各具优势，而不是简单的学能高低的问题。虽然卡罗尔认为一个人的学能是稳定的，也是天生的，很难通过训练改变，但他的这种主张受到格里戈伦克等的挑战。格里戈伦克等的研究证明，语言学能和智力、前期外语学习经历以及各种实际情景下的外语学习指标均相关。可见，语言学能也不是固定不变的，而是动态发展的。

三、学习态度

态度是对于事情的看法和采取的行动，一般指个人对事物或对他人的一种评价性反应，是一个人的内心对自身行为的选择和价值取向。态度通常包括认知（个人对事物的信念）、情感（个人对事物的褒贬反应）、评价（个人对事物做出的判断）、意动（个人对待事物或采取行动处理事物的倾向性）四个方面。态度可以分为一般态度和具体态度，两种态度对外语学习成效都有影响，前者对外语学习有间接影响，而后者对外语学习有直接影响。态度既是稳定的又是持久的，但态度是可以学到的，可以通过学习得到改变。

语言态度是不同语言或语言变体的说话者各自对他人的语言或自己的语言所持有的态度。语言态度是影响第二语言学习的一个重要因素。学习者对语言表示出的积极或消极的看法可以反映语言的难易度、学习的难易度、重要性、语言品位和社会地位等。而外语学习态度就是学习者对外语学习的认知、情绪、情感、行为在外语学习上的倾向。学习者的外语学习态度与他表现出的外语学习价值观和外语学习情绪高度相关。外语学习态度与外语学习表现是一致的，态度是内心倾向，表现是外显的行为，学习者的态度如何，只有通过他们的学习表现去推测与判断。

四、学习动机

动机是一个人的内在动力、冲力、情感或欲望，动机具有启发性、选择性和目的性。伯纳德·斯波尔斯基（Bernard Spolsky）认为，外语学习动机包括学习外语的态度、学习这种语言的愿望和为学习这种语言付出的努力。外语学习动机是外语学习者在外语学习活动中的一种自觉能动性和积极性的心理状态，主要表现为渴求外语学习的强烈愿望和求知欲，是直接推动外语学习的一种内部动因。理查德·查尔斯·加德纳认为，外语学习动机包括目的、学习的努力程度、达到学习目的的愿望和学习态度四个方面。动机与态度密切相关，动机来自态度，态度是动机的有效组成因素，虽然态度不能直接影响学习，但它可以促进动机的产生。外语学习动机是直接驱动外语学习者进行外语学习，以达到某种目的的心理动因。不同的外语学习者因教学目标、教学要求、学习目的、学习态度的不同，表现出的动机也不同。有动机的外语学习的效果往往好于没有动机的外语学习的效果。

基于产生的原因不同，动机可以分为内在动机和外在动机；基于学习的目的，动机可以分为综合型动机和工具型动机。内在动机、外在动机与综合型动机、工具型动机有着密切的关系。

在我国，除了很少的一部分学习者由于其特殊的家庭背景或兴趣而具有综合型的动机外，绝大多数学习者都持工具型的动机。作为外语学习的重要影响因素，在国内外第二语言习得研究领域，综合型动机和工具型动机是研究得最多、最广泛的课题。有文献表明，"综合型学习动机所取得的学习效果要远远好于工具型学习动机所取得的效果。但有时也并非如此，具有工具型学习动机的人们学习英语的目的是利用英语工具寻找工作，或改善自己的社会地位和资格等，他们特别强调语言的实用性，所以他们也能学好英语"①。可见，两种动机都是成功学习的主要因素，综合型动机是成功习得二语的必要条件"；而在某些环境中，工具型动机却是第二语言成功习得的有效手段。换言之，学习者的动机并不是相互排斥的，在教学上综合型动机和工具型动机是相互联系和相互促进的，在一定条件下也可以相互转化，而且多数外语学习者的学习动机是以两种动机交替或混合为特点的。

五、学习兴趣

兴趣是人的一种个性心理特征，是一个人积极探究某种事物及爱好某种活动的心理倾向，反映了人对客观事物的选择性态度。从心理学的角度讲，兴趣是动机最活跃的因素，内在动机来源于兴趣。兴趣是一个人的内驱力，但这种内驱力并不是与生俱来的，是可以通过培养得以改变的。

个人如果对某种事物感兴趣，就会产生接近这种事物的倾向和热情，且积极参与相关的活动。

兴趣在外语学习过程中扮演着极为重要的角色，学习者的外语学习兴趣是促进其外语能力发展和提高的重要因素，其语言能力的高低在很大程度上取决于外语学习兴趣的浓厚程度。学习兴趣浓、积极性高的学习者，能主动、认真地学习，遇到问题和困难时也能发挥主观能动性，学习效果比较显著；相反，学习兴趣低、积极性差的学习者，学习总是不专心，对学习也会感到枯燥乏味，学习效果较差。

---

① 贾冠杰：《社会文化视角下的二语习得活动论》，《中国海洋大学学报（社会科学版）》2010年第4期。

六、学习风格

学习风格与个性、认知和情感等因素密切相关。国内外学者对学习风格的界定一直存有争议，但大体可归纳为两类：一类偏重个体的认知和感知差异，强调信息加工和呈现方式的不同，如瑞德（Reid）认为，"学习风格是学习者所采用的吸收、加工和保留新的信息，掌握新技能的方式。这种方式是自然的和习惯的不会因为教学方法或学习内容的不同而发生变化"[①]。另一类研究侧重强调学习者的学习方式，以及学习者对不同学习任务和外在学习环境的积极反应。纵观学习风格的种种定义，我们可以总结出，外语学习风格是外语学习者对外语学习方法的倾向或偏好，具有认知、情感、生理的特点，能够比较稳定地指引外语学习者感知，作用于外语学习环境，并对外语学习环境做出反应。

不同的学者从不同的视角对学习风格进行了归类。普赖斯将学习风格分为四大类 24 种，并建立了一个"学习风格类型目录"。基夫把学习风格分为认知风格、情感风格和心理风格三大类 33 小类等。瑞德把学习风格分为视觉型、听觉型、体验学习型、动手操作型、集体型和个人型等六种。奥克斯福德在前人研究的基础上，提出学习风格具有五个维度：视觉、听觉和动手型；外向与内向型；直觉与理智型；开放与封闭型；分析与综合型。朱新秤从学习时间的角度将学习风格分为"学习时间偏爱型"和"知觉反应类型"两种。然而，贾冠杰认为学习风格可以简单地划分为场依存型和场独立型，并根据刘润清和鲍里奇（2000）关于场依存型和场独立型的讨论，归纳总结了两种学习风格的特点：

场依存型学习者的特点有：①注意到概念和材料的总体方面。②使课程个性化概念与个人经验相联系。③希望从教师那里寻求指导和示范。④寻求能密

---

① Joy M.Reid：Learning Styles in the ESLI/EFL Classroom, Foreign Language and Rea Search Press，2002.

切与教师联系的奖赏。⑤不大可能指导自己的学习，喜欢与别人一起学习，对他人的感情和意见敏感。⑥在半独立的情况下也许做得很好，喜欢合作。⑦喜欢由教师负责组织，喜欢正式的、以教师为主的教学安排，以弥补自己组织能力的不足。⑧学习方法讲究实际，要求学习环境有意义。⑨大脑右半球优于大脑左半球。

场独立型学习者的特点有：①注意课程材料的细节。②关注事实和原则。③几乎不寻求与教师的接触。④与教师的正式互动仅限于手头任务，寻求非社会性奖赏。⑤喜欢单干，自己制订学习目标，指导自己的学习。⑥喜欢竞争。⑦能自己组织信息。⑧喜欢重点突出的、系统的、有秩序的、逐步积累的学习方法。⑨大脑左半球优于大脑右半球。

埃尔曼、卡森和隆希尼分别运用结构性访谈和日记法研究了学习风格和第二语言学习成绩的关系，结果发现"成年外语学习者倾向于选择与其学习风格相一致的学习策略"[1]。"场独立型学习者能自觉地计划、管理、监控以及评估自己的学习，而场依存型学习者不会自觉地去使用这种元认知策略；场依存型学习者能更好地运用社会交际策略，而场独立型学习者不会去自觉地使用这些社交策略，除非他们认为这些社交策略能帮助他们实现学习目标。"[2]可见，学习风格对学习者英语学习成效的影响是通过英语学习策略的使用来实现的。

学习风格没有好坏之分，每种学习风格都有自己的利弊。"每个学习者都有自己独特的学习风格，也有自己学习风格上的长处和局限性。开展外语学习者学习风格研究可以得出对外语教学具有指导意义的研究结论，使外语学习者了解自己学习风格的长处和局限性，根据学习需要恰当地调整，并培养和丰富

---

① 卢敏：《学习者个体差异与外语教学》，山东大学出版社2015年版。
② 周娟，李伯约：《认知风格、学习策略与英语学习成绩的关系研究》，《阜阳师范学院学报（社会科学版）》2010年第6期。

自己的学习风格，从而适应不同的外语学习任务。"①

七、学习策略

从 20 世纪 70 年代开始，国外学者就开始研究外语学习者的学习策略。不同的学者对学习策略给出了不同的定义，而且关于如何界定学习策略的争论还在继续。在艾利斯看来，也许定义学习策略最好的办法就是列出它的一系列特征。他认为学习策略具有以下八个特点：①策略既可以指总的学习方法，也可以指第二语言学习的具体行为或技巧。②策略是用来解决问题的，即学习者采用学习策略是为了解决一些特殊的学习或交际问题。③如果别人要求他们注意自己的行为、思维，学习者一般都能意识到所用的策略，并能够描述策略的内容。④策略涉及语言行为或非语言行为。⑤语言策略能在母语和第二语言中使用。⑥有些策略是外部可直接观察到的行为，有些策略是不能直接观察到的内部心理活动。⑦多数策略通过为学习者提供可处理的第二语言信息对语言学习产生间接的影响，但是有些策略也对语言学习产生直接的影响（如在具体的词汇学习或语法规则学习时使用记忆策略）。⑧策略的使用因学习者任务的不同和学习者偏爱的不同而不同。

国内学者程晓堂、郑敏认为，"根据运用范围，学习策略可以分为一般学习策略和学科学习策略。一般学习策略指适用于任何课程学习的策略，与特定的学科知识或技能的学习没有特定的联系，如记忆策略、推理策略；而学科学习策略指与特定学科有特殊联系、主要使用于该学科知识或技能学习的策略，如数学学习策略、英语学习策略等"②。在他们看来，"语言学习策略是学习

---

① 蒋祖康：《回顾与展望——第三届中国英语教学国际研讨会纪要》，《外语教学与研究（外国语文双月刊）》2001年第4期。
② 程晓堂，郑敏：《英语学习策略 从理论到实践》，外语教学与研究出版社2002年版。

策略的一种，可以分为第一语言学习策略、第二语言学习策略和外语学习策略"①，而英语学习策略应归属于外语学习策略。

根据国内外关于语言学习策略，尤其是第二语言学习策略和外语学习策略的研究成果，程晓堂、郑敏认为，"语言学习策略是学习者为了使语言学习取得更好的效果而采取的各种策略，它既包括学习者为了更好地完成某个学习活动或学习任务而采取的微观策略，也包括学习者对自己的学习目标、学习过程、学习结果进行计划、调控、评估等而采取的宏观策略"②。与国外几种关于语言学习策略的定义相比，程晓堂、郑敏关于语言学习策略的界定更具体、更实用，更符合我国的国情且便于操作。

对于学习策略的分类，可谓仁者见仁，智者见智，国内学者文秋芳在前人研究的基础上提出，英语学习策略包括"观念"和"方法"两个子系统，认为学习策略可以分为管理策略、语言学习策略和情感策略三大类。在文秋芳这个学习策略分类框架里，前者处于最高层次，起着指挥员的作用；后两者受前者的有效控制，而且后两者的成效高低在很大程度上取决于指挥员的指挥水平。与国外几种策略分类相比，文秋芳的分类框架"更科学合理，也便于英语教师操作应用"。

学习策略与学习技能既有联系又有区别。贾冠杰在蒋祖康研究的基础上，对学习策略与学习技能的关系以及二者的主要特征做了总结与归纳。

一般情况下，人们讨论的学习策略与学习技能基本相同，它们既包括学习者在学习第二语言时所采取的整体性策略，也包括学习者针对具体的学习任务所采用的具体方法和手段。学习策略和技能的主要特征包括：学习者运用策略来促进学习或解决学习中遇到的问题；学习者一般是有意识地运用学习策略，

① 程晓堂，郑敏：《英语学习策略 从理论到实践》，外语教学与研究出版社2002年版。
② 程晓堂，郑敏：《英语学习策略 从理论到实践》，外语教学与研究出版社2002年版。

并且能够表述他们所使用的学习策略；大部分学习策略间接地影响语言学习，而有些学习策略则直接影响语言学习，如词汇和语法项目的背记策略等。

八、语言环境

关于第二语言习得的学说和观点，大致可以分为三类：先天学说、环境学说及相互作用学说。先天学说的代表人物是乔姆斯基，主张语言的习得依赖于大脑内部的一种受遗传因素决定的语言习得机制和天生的某种语言知识。环境学说主张在生物体的发展过程中，社会环境因素所起的作用要比其先天的内在本质更为重要。该学说的代表人物是布龙菲尔德和斯金纳，他们分别是实验心理学派和行为主义学派的代表。实验心理学派和行为主义学派的各种理论构成了"刺激—反应"（S-R，Stimulus-Response）学习理论的理论基础。S-R 学习理论认为，儿童在出生之时大脑内部并不存在所谓的内部语言习得机制，后天习得的任何语言都是在环境中习得的。而相互作用学说结合了内在语言习得机制与外在的环境因素来解释人类的语言习得，认为内在的机体能力、社会、认知能力、语言本身都是相互联系并相互作用的。

纵观国内外的第二语言、外语习得研究，多数学者倾向于语言的学习与习得是内在语言习得机制与外在语言环境相互作用的结果，两者同等重要、缺一不可。

语言环境指说话时人所处的状况和状态，通常包括自然语言环境、局部语言环境和自我营造的人工语言环境。自然语言环境是指以该语言为母语的生活环境；局部语言环境是指学习者部分时间生活或学习于该门语言环境中；而人工语言环境主要指学习者在头脑中用该门语言复述、描述、记忆或营造某些的场景。良好的语言环境是语言学得与习得获得成功的保障，因为学习者所处的语言环境直接决定学习者的学习方法、效率以及继续学习的兴趣和方向，而能否有效地选择语言学习的环境以及能否积极主动地创造有利于自己语言学习的环境，是学习者能否达到学习效果的关键。第一，母语是完全在自然的语境中习得的。在自然语言环境中，由于没有特定的指导者，学习者只是通过无意识地接触到语言的听、说、读、写来习得这门语言。儿童习得母语就是最好的例子。同时，学习者的母语和所学外语之间有着千丝万缕的联系，学习母语与所学外语的相似点与差异、学习者对母语的精通程度、母语对学习者的影响都在不同程度上直接影响着学习者的外语接受能力。在外语习得中，母语对学习者的影响犹如一把"双刃剑"，既有正迁移，即"母语由于其与外语的相似成分而对外语习得产生正面的、积极的影响，能促进学习者对外语的掌握与运用"；也有负迁移，即"母语由于其与外语的差异成分而对外语习得产生负面的、消极的影响，会干扰和阻碍学习者对外语的掌握和运用"。[1]第二，外语学习通常是通过课堂语言教学环境学会的。一方面，要选择（编写）符合外语教育教学规律的语言知识的输入和难易适度的教材。教材应具备由浅入深、难易结合、重点突出的特点，以便能使外语学习者掌握那些他们应该掌握的知识。另一方面，教师的自身素质、水平、责任心以及行之有效的教学方法也是良好课堂语言教学环境的重要组成部分。同时，班级的规模、教学设备设施等对学习者的外语学习效果也有重要影响。第三，课外外语自主学习和语言使用环境的选择与构建对外语学习效果的影响越来越大。中国英语学习的现状就是学生缺乏外语学习的真实语言环境，"不能随意接触到使用所学外语语言的媒介，如外语报纸、杂志、广播、电视节目等，也不可能有随时用该语言进行表达与交流的对象与语言环境"[2]。但是，现代信息技术的发展、网络的广泛应用为外语学

---

①　赵应吉：《全日制工程硕士英语教学的多维研究》，四川大学出版社2014年版。
②　赵应吉：《全日制工程硕士英语教学的多维研究》，四川大学出版社2014年版。

习提供了基于现代信息技术和网络技术的交互与互动的语言学习环境及海量的学习情景、资源和语料，改变了学习者的学习时间、空间以及学习方式，在很大程度上解决了缺乏真实语言环境、学习外语困难的问题，也会不同程度地提高学习者的学习效率和学习效果。

当然，其他因素，如学习者的家庭背景、社会关系、性格、年龄、意志、自尊、信心等也会不同程度地影响学习者的外语学习，而且这些因素也因人而异。鉴于此，教育教学管理部门和一线的外语教师应主动了解与熟悉学习者的心理状态及个性差异，在教学政策制定、教学管理、教学方案、教学措施、教学评价等方面采取有针对性和预见性的措施与对策，克服消极因素，培养和提高学习者良好的心理状态、个性品质和综合素质，促进学习者外语学习成效的提高。

第五章 本土文化输出为导向的大学英语教学生态模式

第一节 大学英语教学中的文化教育

一、英语教学中的文化教育

我国的大学英语教学以往受结构主义语言学的影响，将大部分的焦点集中在对语言形式的教学上，英语教学几乎脱离了社会文化成了单纯的语言技能训练，文化教育在英语教学中所占的比例极低。现在，文化教学已经被认为是英语教学中不可或缺的重要组成部分，也是实现跨文化交际必不可少的一部分。许多专家学者著书立说，探寻将文化巧妙地融入英语教学中的方法和途径，经过几十年的发展，文化教学的研究与实践取得了丰硕的成果，然而，我国英语教学受教材的限制，倾向于介绍西方的文化和历史；学生课外读物也是西方的文学作品；学生的英语角谈论的是西方的舆论话题；英语晚会也是表演和模仿西方的戏剧。我们在的日常教学中以及英语教材中几乎找不到本土文化的踪迹，也缺少类似用英语讨论中国舆论话题的练习，如传统假日，教材中常常会提及感恩节、圣诞节、万圣节、情人节等西方的传统节日。春节、清明节、端午节等中国的重要传统节日，却很难在教材中见到。

这种缺少或缺失，表面上是我们的疏忽，而从本质上讲是一种态度——我们的英语教学从根本上就缺少对本土文化的尊重，导致学生对本土文化的严重不自信，盲目崇拜外国文化。所以，我们教育出来的栋梁之材渐渐成了一个给英语国家传话的工具。这一现象也就很好地解释了为什么学生可以用娴熟的英文讲述西方圣诞节、万圣节、情人节，而在介绍中国的清明节、春节、端午节时却张口结舌。学生对 Coca-Cola（可口可乐）、Sandwich（三明治）、Hamburger（汉堡包）等名词可以脱口而出，却绞尽脑汁也想不起来馒头、豆浆、稀饭、油条用英文该怎么说。学生可以侃侃而谈西方文化，却支支吾吾地不会表达我国的四大发明、算盘、孔夫子，不知怎么表达中国文化的博大精深，这都是由于他们的本土文化意识太薄弱，本土文化知识匮乏，没有对本土文化的自信和自豪感。

二、本土文化的概念界定

最早的对文化的定义是英国学者泰勒于 1871 年在其所著的《原始文化》中提出来的，泰勒认为"文化是一个复杂的整体，它包括知识、信仰、艺术、道德、法律、风俗以及作为社会成员的人所获得的一些其他的能力和习惯"①。在文化学研究的历史上，泰勒对文化的定义曾起过重要作用，但其实它本身也存在片面之处，如对于文化的描述以及在列举构成文化的诸要素时，没有把十分重要的物质文化涵盖其中。自此之后，人们对文化的概念又做出了各种各样的解释。1952 年，美国学者克罗伯和克拉克洪曾搜集了一百多种不同的对文化的定义。当然不同的研究是从各自不同的立场和观点出发的，因此对文化做出不同的界定是可以理解的。

文本所阐释的本土文化不等同于中国文化或传统文化，中国历史悠久，其

---

① 泰勒：《原始文化》，蔡江浓编译，浙江人民出版社1988年版。

丰富的文化自然也是源远流长、博大精深，根据时间的发展，可将其分成传统文化与当代文化两大类。教育界中常常提及中国文化的教育要得到加强，这里所说的中国文化一般指的是中国传统文化。

本土文化主要是指扎根本土、世代相传、有民族特色的文化，是在中华文明发展过程中，经过历史淘汰和选择，被人们所公认、代表中华民族文化水平的、蕴含中华民族对社会和自然精心思考的文化精髓，它也是传统文化进行整合发展的一种文化形式，既有历史传统的积淀，也有现实生活的变化和发展，是本土独创的一种文化形式。在大学英语教学中融入本土文化的内容，并不是要取代专门的中国文化课程，也不是改变英语课程的性质，而是服务于学生本土文化的英语表达能力和跨文化交际能力的提高，把英语作为学习和领悟中国文化的工具，令学生在文化上与国外友人平等交流。

第二节　教育教学中生态概念的引介

一、生态哲学与教育生态学

（一）生态哲学

生态哲学是一门相对独立的哲学学科，本质上是一种理性的反思活动，它以生态学的理论为基础，借助哲学概念体系和思维方法，经理性的抽象和概括而构建的理论体系。生态哲学的研究对象包括一切生物体在内的周围事物及其存在的环境。生态哲学是反思人与自然关系及社会演化进程，是在对当今社会面临的生态危机的反思基础上从展望人类生存、发展和前进等活动中提升出来的哲学形态。现代生态哲学以人与自然的哲学关系为基本命题，追求的是人与自然的和谐、健康发展，人与社会可持续发展，因此为世界可持续发展提供了理论支持，是可持续发展理论的一种哲学基础，而随着时间的推移，生态哲学成熟的方法论已经被应用于越来越广阔的科学领域，也为其他的科学提供了一种全新的思维方式。

本节以生态哲学理论为基础，用持续发展的思维来诠释大学英语教学。如果我们可以把大学英语教学看作一个整体，那么其中影响教学的各个要素就是我们需要研究的问题，因此，我们要运用整体、立体、全面、动态的眼光去看待各个要素之间的关系及其对大学英语教学的影响。具体来说，我们突破传统的二元、对立、狭隘的视域，真正突破静止、单一、平面化的研究状态，摒弃陈旧的观念和学科意识，运用生态哲学的生命整体观思维来审视大学英语教学中存在的问题和不和谐因素，进而找到如何将本土文化融入大学英语教学，使优秀的本土文化得到有效传承的方法，把科学的研究方法推进到世界文化教育大环境与本土文化教育环境中，用开放立体的思维方式研究教育的现实状况与历史经验、学生与教师、语言与本土文化、人的发展与社会发展。本节在整体生态观和生命整体观指导下研究有效提高学生本土文化输出能力的大学英语教学生态模式，如果生态哲学可以作为方法论来使用，那么教育生态学是能有效指导教学模式构建的理论基础。

（二）教育生态学

教育生态学是一门由教育学、生态学、心理学和社会学等学科相互交叉、渗透而形成的边缘学科，它是依据生态学原理，特别是整体、联系和平衡等原理与机制，为考察系统内部各个结构与周围环境的相互关系、相互作用和相互适应，研究各种教育现象及其成因，探讨教育生态的特征和功能，以及其演变与发展的基本规律，如教育生态系统、教育生态平衡等，探寻最佳的教育生态结构的途径和方法而建立科学的教育生态系统。

教育生态学是研究教育系统内部诸要素之间的相互作用及其周围生态外部环境（包括个体心理环境、班级课堂环境、学校环境乃至社会环境）之间的能量、物质和信息交换，探究"人—教育—环境"构成的充满适应与发展、平衡与失衡、共生与竞争的矛盾运动的社会生态系统的。教育生态系统是由宏观大系统和各种类型的微观子系统构成的。宏观大系统是指教育生态的总体结构，包括层次结构（如学前教育、初等教育、高等教育）、管理结构（从中央到地方各级教育行政管理部门）、类型结构（如普通教育、成人教育等）、专业结构（中、高等教育中的专业设置）和地区分布结构（学校分布）。微观子系统是指学校内部的组织结构、师资结构、资金结构、课程结构、专业设置、教学结构、目标结构等，研究的重点是解决学校内部的管理问题，分析环境因素与校园生态关系及其对教育的影响。教育生态本质上是一个宏观微观相互渗透、纵向横向交错、动态静态相结合的网状结构，具有开放性、目的性、有序性、整体性等特点。其主要发挥着培养人才，交换系统内外部能量、信息的作用。培养人才主要指各相关教育机构通过对人才的教育、培养，以解决社会上人才短缺的问题，满足社会需求；能量的交换主要指教育各机构、单位与社会上的资金、人才、教学人员上的互相交换；信息的交换则主要指信息在教育机构内外的流通反馈，学生、教学人员、环境及教材都能影响到信息交换的实际效率。

本节利用教育生态学理论，在实际操作中，主动调动一切有利因素去分析英语教学的生态模式，用生态环境去规范、控制和优化大学英语教学中的本土文化教学，使本土文化教学与语言教学在互利、互补、合作中和谐共存。运用教学生态学知识研究教师与学生之间的关系，可以拓展学生发展的生态空间，提高教学质量。实施从教学目标、教学内容、教学方法到教学评价等多方面的改革，可以使本土文化教学在英语教学中走到传承本土文化，改善文化失语，提高学生本土文化输出能力的作用。

二、外语教育生态研究

国内外语教学界从事外语教育的生态化研究始于 20 世纪 80 年代。在这方面，张正东教授的研究时间较长，他在研究中国外语教育教学过程中始终把整个外语教育视为"有如一片茂密的森林，绝不会只生长单一树种"的生态，认为外语教育根植于中国文化的"天人合一"理论，外语教学是一个"统一、和谐、平衡、循环"的过程，他提出的外语立体化教学法理论本质是全面考虑、从国情出发、包容百家，这一理论打破了西方只从目的语出发来研究外语教学的传统，他将外语教学和社会环境、文化、经济有机结合，让外语教育拥有了更加广阔的发展空间。

在外语教育生态研究方面，另一位值得关注的人物是曾葡初教授。受张正东教授的影响，曾葡初自 20 世纪 90 年代就对英语教学环境进行了相关研究，他的《英语教学环境论》一书更是得到了国内学术界的赞扬。该书以环境为主线，将英语的教学环境作为主要的研究对象，详细地分析了英语教学中文化、教学、语言、课堂等环境的基本概念及其意义，生态哲学的思想内涵和思维方法，对本章有很大的启发作用。近年来，外语教育生态研究开始向认知生态系统拓展和延伸。认知生态学认为，认知包括感知、学习、工作记忆、注意、长时记忆和决策几个相互关联、不可分割的组成部分。认知生态学把人的认知的加工、提取信息的工程视为一种生物现象，在认知生态学的基础上，学者开始关注外语学习者的认知生态系统。认知生态系统是指学习者本身内在的认知系统，该系统由意图、认知、智力、动机、学能、母语、第二语言等因素构成。认知生态系统与语言接触量、年龄、受教育程度等因素交互，这些因素还与外语环境，即社会生态系统交互。所有这些内部的和外部的因素构成了一个复杂的语言学习动态系统，在外部和内在资源的作用下不断发生变化与波动。认知生态系统理论拓宽了外语学习与习得的研究视野，可以帮助人们更加全面地理解外语学习者的认知过程，对于本章有一定的指导意义。

陈坚林曾提出："外语教学是一个系统，除了用系统论的方法，还应以生态学视角来看待和处理外语教学中的各种问题。因此，外语教学系统实际上还是一种生态系统。"[1] 也就是说，大学英语教学是一个整体，其各个部分相互制约、相互作用。将教育生态学理论引入外语教学，就是要综合研究外语教学的生态系统，分析系统中各要素的生态现状及其发展与变化，探讨如何维持教学生态环境的动态平衡。

第三节　大学英语教学生态模式的构建

当今我国的大学英语教学还存在重视形式教育与应试教育，忽略文化基础与学生能力的培养等问题。高校英语教学改革的主要目的就是进一步增强学生听、说、读、写、译等方面的基本能力，促进学生英语综合应用能力的提高。要想真正解决这些问题，首先要培养教师的生态教学理念，使教学生态模式代替传统的教学模式，从而实现"知识课堂"向"生命课堂"的转型，改变传统封闭式课堂教学的理念，走上课堂教学开放的道路，引导学生乐学活用工具，使课堂教学由知识世界回归人的世界，实现学生的全面发展，提高教师的创新力和发展力。具体到实际的教学活动中来说，教师要尽可能地满足学生身心的

---

[1]　李晨，陈坚林：《大学英语教学生态系统中学生生态位研究》，《外语电化教学》2017年第5期。

发展要求，进一步开发学生实践与感悟的能力，进而使教师和学生产生一种共鸣，两者在学习中形成互补，使课堂教学充满动力与活力。教师在教学的过程中要摆脱传统教学的惯性，大胆探索，将新的理念充分融入课堂教学，落实到学生的成长中，这样才能彻底改变不和谐"一边倒"的教学状态，实现高效的、和谐的课堂教学。当然，教学模式的创新需要从教学目标、教学内容、教学方法等多个方面进行研究探讨。

一、教学目标

2015 年教育部发布《大学英语教学指南》指出："大学英语的教学目标是培养学生的英语应用能力，增强跨文化交际意识和交际能力，同时发展自主学习能力，提高综合文化素养，使他们在学习、生活、社会交往和未来工作中能够有效地使用英语，满足国家、社会、学校和个人发展的需要。"在这个纲领性的文件中，"跨文化交际"和"提高综合文化素质"是关键词，表明大学英语教学不仅要强调语言知识和技能的掌握，也要培养学生的多元文化素质和跨文化交际能力。因此我们在重构文化观时，不应该只把英语国家的流行文化作为文化教学的主要内容，还应该选择优秀的本土文化，只有熟练地掌握本土文化内容、流畅地表达本土文化思想，才能谈及其他文化的习得，进而达到融会贯通、既吸收外来文化又保持本土文化精髓的境界。

因此，设置准确的整体教学目标显得尤为重要，近年来的基础教育改革要求以学生为本，注重学生的自由发展，反对精英主义，希望学生能够得到全面发展。对此，我们应该培养学生的英语综合运用能力，提高学生的跨文化交际能力，特别是用英语表达本土文化的能力，因此大学英语教学应该将语言知识与应用技能相结合，既应该设置语言教学目标，还应该设置非语言教学目标，这样的结合才能使学生在学习英语语言的过程中体会和感受到语言及其应用的整体性，才有利于学生发挥自身潜能，得到全面发展，以便更好地为文化输出做准备。

1. 语言知识目标

在选定英语语言知识目标时，首先，教师应该要求学生学习和掌握英语中的基本语言知识，如语音规则、拼写规则、语法规则、语义规则、语用规则等。其次，教师应该对于学生的词汇量、写作能力及听说能力等应该达到的水平予以明确的规定，为英语语言实际运用能力的提升打下坚实的基础。这些目标的设定都应该围绕和参照国家英语课程标准中对英语语言知识的二级、五级与八级的分级目标，然后根据实际情况进行适当的调整，合理地选择适合学生发展的语言知识目标。

2. 文化知识目标

当代学习者担负着本土文化输出的重任，因此在设置文化知识目标时，教师应该从两方面入手，首先应该了解和掌握目的语国家的文化习俗和风土人情，其次更应该对优秀的本土文化进行深入的学习和研究，在了解本土文化的基础上建立多元文化意识，可以根据学生的兴趣选择适合学生的本土文化典籍，并将其作为教学内容，充分调动学生学习优秀文化的积极性。教师还可以设置阶段性目标，对一段时期内学生掌握本土文化的英语表达进行考查，通过了解学生的掌握情况设置最终的本土文化及目的语文化教学目标。

3. 以全面发展为目标

教师在设置整体教学目标时，首先要秉持"为了中华民族的复兴，为了每个学生的发展"的语言教学理念。现今基础教育改革的最显著的特征就是强调教育要以人为本，注重学生"全人"的发展，使所有的学生都能获得全面、自由的发展。因此，教师要让学生在学习英语语言技能的同时感受语言学习的乐趣，在提高交际能力的过程中提升其文化素养。只有语言目标与非语言目标相结合。才有利于学生发挥自身潜能，最终实现人的全面发展。

二、教学内容

任何教学模式都离不开教学内容，因此教学内容的选择也成为构建教学生态模式的重要环节之一，教学内容一般包括课程标准、教材和课程等。

教材是教学的主要依据，也是一种关联的纽带，它在整合自然、社会和文化的同时，也在沟通科学世界和生活世界。在这些关联和纽带中，学生始终是纽带的重要一端，因此教师在对教材深入研究时不能脱离这种关联。教师应不断寻找教材与学生的内在联系，实现教师、学生和教材之间的对话，从而实现知识的共同构建和理解。

英语作为一门外语课程，其最大的作用是促进人的跨文化理解和交际能力的提升。因此在挑选英美文化知识时，教师应该注意如何将中西文化有机地结合起来，既能让学生热爱本土文化又能兼顾理解西方文化。我国英语教学最初设置英语课程的目的是为国家政治、经济服务，由此，我国英语课程作为国家社会本位性取向较为严重。到了 20 世纪八九十年代，随着国家对外开放的力度的加大，英语课程的价值转向了工具性与人文性相结合的取向。教育部发布的《义务教育英语课程标准》（2011 年版）的最大亮点和突破点是把义务教育阶段英语课程的性质明确界定为"工具性和人文性双重性质"，进入 21 世纪，随着我国加入世界贸易组织，以及全球"地球村"的日渐成形，我国英语课程中文化知识的选取越来越注重本土文化与西方文化的和谐共生。英语学习一方面应该加强东西方文化的相互了解与理解，另一方面应该通过语言学习促进世界的和谐、健康、可持续发展。

从学习英语语言文化知识上看，一方面，学生学习英语国家的社会文化，了解其文化习俗，促进国人对西方文化与价值观的理解，更好地将其文化内涵与语言学习联系在一起。另一方面，学生学习英语国家的社会文化，可以把英语作为媒介向西方介绍中国优秀的本土文化，以便西方人能理解中国文化和价值观，达到传播优秀本土文化的目的。长期以来，我国的各级各类英语教材"用英语表达本土文化"的内容相当缺乏，以致学生在和外国人交流时无法有效地传递本土文化，造成英语表达本土文化的"空缺"，很多中国语言学习者成了"外国通"，却对自己文化不了解，也使得国人在谈及本土文化时成了"聋哑人"，这样的现象是非常不正常的，一个无法谈及本国文化的学习者也很难得到别国学者的尊重，使跨文化交际能力成了空谈。

因此，在教材的编写过程中，教师要适当地调整教材的内容，加入一些中西文化对比的文章，同时在练习题的设置中也应该加入一些使用英语表达本土文化的训练，把本土文化渗透到课堂的各个环节，这样就能培养学生对母语及其文化的理解与热爱，进而推广和发展自己的民族文化，让外语教学真正成为沟通的桥梁，既能引入外国文化，又能推广本国优秀的文化，尤其能通过英汉两种语言所承载的文化差异来提高教学效果。因此，科学生态模式下的语言文化知识内容的选取应该正确处理外国文化与本土文化的融合问题。在学习西方文化的过程中，教师应在教材中适当增加中国社会文化的内容，阐述中国文化传统及先进理念；在文化知识的选取上，应平衡兼顾本土文化与西方文化知识，培养既了解西方文化又精通热爱本土文化的人才，又培养了本土文化传承者和接班人。

三、教学方法

1. 讲授方法

英语教学生态模式在选择教学方法时应该体现灵活性和切实性，反对教学方法的单一性、绝对性和权威性，只要是能促进学生语言知识、文化知识、语言技能和学生的全面发展的教学方法，都可以引入英语教学生态模式。

具体而言，它就是要让教师从传统的教学方法中解放出来，采用多种教学方式来提高大学生英语的应用能力和文化输出能力，提升学生的学习效率。在多种教学方法中，直接法是指采用教师与学生会话、交谈的方式，提高学生的听说能力，但对语法讲解不足，导致学生写作能力不强。认知法可以让学生举一反三，调动学生的主动性，使其利用所学知识去探索未知的知识，这就是智力和语法所起到的作用，但认知法的缺点是忽视学生的交际能力，因此我们可以用交际法和情境法来设置情境，提高学生的交际能力，可以将传统的语法翻译法和直接法、情境法、认知法、交际法和任务驱动型教学方法相结合，采用以直接法和认知法为主，其他几种方法为辅的方式，形成平衡和谐的教学。在积累知识、趣味学习和交际对话基础上，任务驱动是指将语言知识和技能相结合，在教师的启发下，可以小组为单位，进行任务设置，注重学生独立思考，让他们积极参与到"任务闯关"的游戏中来，这不仅可以让学生把所学的知识结合起来，还可以提高团队配合能力和交际能力，从而更有效地完成教学任务。

2. 文化沉浸

现在许多大学生对中国古代著名的思想家、教育家知之甚少，对于中华文化典籍等也不了解。此前，在上海外语教育出版社主办的首届华东地区英语专业教学研讨会上，外国语大学何兆熊教授呼吁，英语专业发展必须回归"本色"，再次强调英语教学不能忽视文化的熏陶。语言既是文化的载体，也是文化的主要表现形式，不同的民族因各异的风土人情、风俗习惯而导致的文化也是千差万别的，同时各民族的文化和社会风俗又都在该民族的语言中表现出来，因此，语言无法离开文化，文化必须依靠语言。从某种意义上讲，文化其实并不是教师教会的，也不是教材特有的，而是学生从各自的文化环境中洗礼出来的，即文而化之。因此，沉浸法就是教学活动中最好的文化知识熏陶的方法，它能够营造英语语言文化的课内外环境，使学生沉浸在英语语言文化与本土文化交融的氛围中，从而达到文而化之的效果，使文化在学生体内"自然的流淌"。

美国语言学家克拉申教授在 20 世纪 80 年代初期提出"语言输入假说"，他认为语言习得的条件就是为学习者提供所需要的、足够量的可理解输入。因此，语言输入是语言习得的首要条件，只有输入大量的语言，才有可能促成语言习得的发生。根据这一观点，在外语学习环境中，语言输入同样是第一位的，也是促进语言习得发生的基础，而这种语言输入必须是有效的。有效的输入应具有可理解性和趣味性的特点。

首先，"可理解的语言输入"对掌握语言是非常重要的。无论是母语的自然"获得"，还是第二语言、外语等其他语言的学习，都需要有足够的可理解输入。在日常教学中，我们可以用英文讨论，用英文解答本土文化问题，以此提高学生的本土文化英语表达，扫除学生英文思维障碍，使其跟上全球化思维。

"可理解性输入"还可以用在本土文化的学习上，可以通过视听资源使学生深入了解本土文化内涵，关注本土文化的发展过程，使学生转变成活学活用和爱学爱用的思维。除了在校有意识、有规则地学习本土文化知识，自学也不失为一种更佳的选择。自学可以控制学习进度，可以在课外自然的条件下，通过阅读本土文化著作或文化典籍英译文潜意识地获得文化知识，提高表达能力。

自学还可以根据个人不同的目标和兴趣决定掌握知识的进展程度与"可理解性"输入的量，更好地吸收学习的内容。

其次，有效的输入还需要具有一定的"趣味性"，一方面，教师可以通过其闻道在先、学业专攻的人格魅力，以及幽默的风格、渊博的知识和博大的胸怀使学生受到感染。另一方面，教师可以创设情境，为学生营造轻松愉快的英语语言学习环境，如英语口语课上，教师和学生可以选在空旷的户外，大家围圈席地而坐，以做游戏的教学方式引导学生随时用英语问答，在相对轻松有趣的语言环境中，学生就可以充分利用动作、体态、表情、语言，并借助丰富的户外语言情境，在情境化的教学氛围中轻松、自如地操练自己的英语，还可以更好地感知英语学习和文化学习的积极情感，从而激发英语学习的兴趣和动机。

最后，在课后，学生也可以通过网络等渠道收集一些有关本土文化方面的资料，包括画报、杂志、图片等。这些资料的收集和分享可以增强这些知识的趣味性，也可以使学生能更好地了解和对比本土文化与西方文化不同的风俗习惯、建筑风格、政治文化、审美标准和风土人情等，让英语学习融会在学生日常生活、学习、娱乐和休息等各种场合中，潜移默化地让学生接受各种文化的熏陶。

3. 教学评价

在生态教学模式中，教学评价往往反映了教学的本质，它是一种协调下建构的"心理常识"，在多元化价值观的指导下，抛弃陈旧的"管理主义"，将评价的重点从结果和考试成绩转移到能力的培养，评价的内容不再拘泥于测验和考试，而关注学生主导学习的过程。生态化英语教学评价一定要抛弃硬性指标，或者检测的片面性指标，而要建立在全面的综合性的评价基础之上。参与生态教学评价的主体除了教师和教育部门，学生、家长也是重要的因素，评价不是某一个人或某一个机构的意见，而是各方因素综合作用的结果。评价内容除了书面作答、人机测试等内容，还包括学生在课堂的学习效果，课后是否参与学业思考，以及学生在语言学习过程经历的各种信息的结合。评价目的和评价结果建立在教师、学生和教育机构共同作用的基础上，以教师为考察对象：教师既是教学语言的教授者，又是教学行动的实施者且在教学活动中起着引导的作用；以学生为考察对象：生态语言教学能够帮助学生建立一种信息反馈机制，在一段时间内，观察学生对于教学行为是否满意，建立学生学习追踪系统，使其及时地了解自己的学习进度和学习内容，发掘自身的学习潜力；以教育部门为考察对象：教学评价反映的是一段时间内整个学生智力和能力的发展趋势，从宏观上干预本地区教学政策法规的制定。生态语言教学评价是以内容、测量、干预和反馈等方式对学习行为进行调整的，因此生态教学评价是一个较为完整的动态体系，在评价—反馈—再评价的循环中不断前进，所以，生态语言教学评价是建立在协商的基础上，将多维信息融合到一个体系之内，目的是促使学生语言学习能力的提高和自身价值的发展。

过去，学生的考试成绩及过级率是英语教学水平和教师的专业素质评价的主要标准。这种评价标准严重制约了学生的发展和交际能力的提高，造成许多大学生学习了很多年的英语，却无法做到最基本的英语交流。教师拘泥于课本和大量讲解应试技巧，很少对学生进行实际能力的培训。学生也将大部分精力集中在浩瀚的英语试卷和解题过程中，造成了为了考试、为了过级而学习的问题。这种评价体系导致了许多学生高分低能，使部分考试能力很强的学生处于无法与国外人交流本国文化的尴尬境地。

如今，生态化英语教学是以学生为核心建构起来的教育评价，本质就是实现学生的综合长远发展，从评价的形式来看，形成性和终结性的评价建立在对教学资源重新建构的基础上，学生在学习过程中积累的经验能更好地为今后的学习服务。对学习效果进行评价需要不同的评价标准，可以是学习档案的记录，也可以是学习活动的演示，或者说测验和考试等形式并不是评价的最终参考标准，归根到底它仍是为教师和学生的长远发展服务的，学习成绩的优异也不是评价个人能力的唯一标准。生态英语教学评价就要打破教师的"一言堂"，构筑平等的互动式评价标准，让与教育直接相关的各方面的人和机构都参与进来。

因此，生态化的英语教学评价应该注重建立能够促进学生全面发展、教师专业水平提高和改进教学实践的评价体系。生态化英语教学评价不仅要关注学生的英语语言知识、本土文化的交际能力，还要关注学生更多方面的潜能和特长。并且在了解学生语言学习和个性发展需要的基础上，也要评估学生在多元文化的学习中如何提升本土文化交际能力和跨文化交际水平。生态化英语教学评价希望发挥评价的教育功能，促进学生在原有的水平上有所提升和发展。生态化英语教学模式除了关注学生能力的培养，还致力于对教师素质的长远发展，教师和学生同处于一个教学模式中，教与学的过程本身就是一种文化的互动，是建立在对学生的评价和启蒙基础上的，它可以促进教师能力的可持续发展，以学生学习语言的评价来反映教师的教学行为是否正确。经常反省自己的教学行为是否恰当，教学效果是否起到激发学生兴趣的目的，能否带动学生建立学习的成就感，根据学生的学习过程来评价自己的教学水平，不断在授课方式和教学方法上进行完善，可以促进教学相长的教学目标实现，从而实现教师的可持续发展。

第四节　生态模式中各要素及其关系

教学模式可以被定义为在一定教学思想或教学理论指导下建立起来的较为稳定的教学活动结构框架和活动程序。作为结构框架，突出了教学模式从宏观上把握教学活动整体及各要素之间的内部的关系和功能；作为活动程序则突出了教学模式的有序性和可操作性。有时，为完成教学任务，一些教师在教育教学实践中依据教学理论所揭示的教学规律，通过教学系统设计，选择、创造和运用行之有效的教学模式，促进教学改革。针对我国的英语教学现状，英语教学生态模式要保障教师、学生、教学语言及教学环境等协调发展。

一、教学主体——教师

教师是英语教学生态模式中的重要组成部分，对我国英语教学模式向生态化方向发展起到了重要的作用。教师在教学过程中扮演着组织者、引导者的角色，并负责制订教学方案、选择教学内容、组织课堂活动、监控学习效果。在教育生态模式中，首先，教师应该是一位兼具英语语言知识与本土文化知识的专家，通过自身的学识来提高学生的文化意识，指导学生将语言技能与文化相结合。其次，在教学过程中，教师扮演着策划者、引导者等多重角色，应该承认并开发学生的主动性，处理好师生关系，引导学生自愿自主学习。因此，想要提高学生的本土文化输出能力，教师要以身作则，从自身做起，提高自身的思想和文化道德水平，改善教学方式，以便更好地为英语教学的生态模式服务。

（一）提高本土文化素养

文化素养是一名教师必须具备的素质，文化素养决定了一名教师的品格及价值取向，而一位教师的文化素养直接影响其教学水平。教师是传道授业解惑者，对学生获取知识有着重要的影响。教师的主要作用是传播知识，作为一名英语教师，首先必须具备英语学科的知识，并能熟练地掌握和运用，英语教师不仅需要具备本土文化知识，还需要具备多元文化知识和素养，这样才能更好地将本土文化及目的语文化传授给学生。育人也是教师的重要工作内容之一，英语教师不仅要为学生传授知识，更要通过运用自身所学的多元文化知识帮助学生树立正确的人生观。教师在授课时，总是会根据教学内容为学生讲述教材的文化背景及产生的原因，然后将自己对文化的认知传递给学生。学生也因此受教师的文化理念的影响，这种影响是潜移默化的，而且会随着时间推移逐步深入学生的思想，所以教师只有尊崇本土文化，才能重建学生对本土文化的自信心和自豪感。目前，部分英语教师受西方文化的影响，不自觉地对西方文化表现出认同感和崇拜感，对本民族文化知之甚少，或者只作为目的语文化的参照，忽略了本土文化的精髓，使学生不可避免地丢失了对本土文化的信心。由此可见，教师必须从自身做起，提高本土文化素养，推崇中国的传统文化，将同时期西方历史和本国文化事件相结合，使学生对中国传统文化产生敬仰之情，维护民族自尊心，以便更好地传播本土文化。

（二）淡化权威

德国社会科学学家韦伯（M.Weber）将权威分为三种：一是传统的权威，二是感召权威，三是法理权威。从我国的国情来看，这三种权威在教师中都普遍存在。教师是名副其实的社会文化知识的继承者和传播者，当传统的尊师重道观念发生作用时，教师的权威身份和地位会受到学生的尊崇，成为"传统的权威"，而当教师具备优良的人格品质，并以此感召学生时，便容易达到培养学生良好品质的预期效果，成为"感召的权威"。现今，随着社会的发展和教育在社会中地位的提高，对教师的专业要求也不断提高，教师必须接受专业训练、取得教师资格后才能担任教学工作。在现代外语教学中，教师传统的"传道、授业、解惑"的作用已经逐渐弱化，传统意义上的"知识传播者"已经不是教师的主要角色，教师应成为学生学习的促进者。在新的形势下，教师要从传统教学中的传播者、灌输者转变为学生自主学习的引导者、促进者和帮助者。教师必须进一步确立终身教育的学习观念和强化"学生角色"意识。因此，教师应淡化权威意识，避免以"指令"的方式来教育学生，而应以"引导"的方式对学生予以切实的指导，更多地扮演"顾问"和"指导者"的角色。

（三）角色转变

作为课堂教学的策划者，教师必须在授课前对授课内容进行整体的规划，才能为学生呈现一堂精彩的课。教师要在课前构思好在课堂上如何进行课程教授、教学组织，以及如何对学生进行正确的引导和安排好课后的总结等。

教师是教学活动的开发者。从 2007 年起，在教育部的大力推动下，我国高校启动了以落实《大学英语课程教学要求》，推广多媒体教育模式和以改革四、六级考试为标志的新一轮大学英语教学改革工程。这就要求教师结合本学校学生的学习进度，依据大学英语教学改革的有关规定，开发校本课程。除开发校本课程外，教师还要摒弃以往依赖教材的传统观念，对教材进行深入研究，取其精华、去其糟粕，结合教学实际，对教材的内容进行二次加工，因此教师又是教材的开发者。

教师作为教学活动的提供者，既要为学生提供信息，又要接收学生信息的反馈。在日常教学中，教师要让学生明白教学活动的规律，就要为学生提供必要的信息，学生根据教师提供的信息进行学习讨论，开展小组活动。在学生积极地参与课堂活动的同时，教师要注意观察学生的参与情况，及时处理学生反馈的问题，并正确地引导学生，促进学习目标的完成。

教师是教学发展的助推者，这在教学活动中主要表现在对学生学习的指导和对教学的辅助上。对学生的指导主要是指教师在学生日常的学习中如何让其学会自主学习，能够在学习中和其他同学进行交流，共同进步；此外，教师除了要指导学生学习文化知识，更要让学生认识到自己的不足并树立正确的人生观和价值观。教师对教学的辅助主要是指教师以辅导员的身份对学生的学习进行课内外有针对性的辅导或兴趣引导，以促进学生个体的发展。

教师是教学发展的评估者，主要体现在教学过程中对课堂教学活动的评估及对学生成绩的评价方面。由于受文化差异的影响，各国的评价体系也不尽相同，在我们国家，评价学生的优劣通常是以考试成绩来决定的，分数的高低决定学生的学习水平的高低，这种评价方式很容易忽视学生的个性发展。教师作为评估者，要关注学生的学习过程，从多个方面对学生进行评价，形成理性的教育评价系统，逐步把评价作为促进学生全面发展和不断进步的动力。

（四）教学方式多样化

长期以来，课堂讲授法一直以教师为中心，以单向的传授知识信息和观点为主要教学目的。

课堂讲授法通常可以分为导入、讲述和小结三个阶段。导入阶段主要是呈现或者告诉学生本堂课所要学习的内容及内容的重要性。小结阶段主要是整合学习的知识和经验，并向下一堂课或活动过渡。尽管课堂讲授法在大学英语课堂中非常盛行，但是并非所有的教师都能有效地使用。成功的讲授法在于如何有效地运用交流技巧，其另一个重要因素是教师的人格魅力和语言特色。一个语言教师如果希望运用讲授法成功地组织一堂优秀的课，他必须具有鼓动性，并能够以令人信服的方式进行教学。要有效地进行讲授，教师必须慎重地选择一些能够有效地抓住学生兴趣和注意力、激发学生思维活动的技巧，特别需要一些鼓动性行为和技巧，如身体姿势、非语言行为、音调变化等。一个优秀的讲授型教师必须以一种组织化的方式呈现教材，便于学生理解教学内容。

当然，学无定法，教亦无定法。生态化语言教学模式更加需要教师根据自身的优势，结合学生的实际情况和学校自身的教学环境开发与借用多种教学方式。除了课堂讲授法、模拟—角色扮演教学法以及讨论式教学法，教师还可以根据教材内容运用探究法、问题教学法、辩论法、复述背诵法等。总之，教学方法是一种认识方法，是教师施教和学生学习知识技能，使身心发展而共同活动的方法，从教师创造性地指导学生通过探索发现新知的意义上说，教学方法也是一种科学方法。只要能有效地促进学生身心发展，就是有效的教学方法，教师就可以尝试性地将其引入课堂教学，并且教师应该综合运用多种教学法，激起学生的学习兴趣和学习动机。

（五）和谐共生的师生关系

和谐共生的师生关系对于生态化教学具有重要的意义。和谐是中国传统文化的基本精神之一。共生与和谐具有密切的联系，在哲学上，共生的理念被看作对二元对立思维方式的扬弃，用来消弭人与自我、与他人、与文化及社会之间的割裂对立，从而建立一种互动的、整体的关系。教师在课堂教学中扮演多重角色，因此师生关系对学生的健康发展具有其他关系不可替代的重要性。已有研究表明，学生对课堂的满意度在很大程度上取决于教师，因此，构建和谐共生的师生关系具有积极的现实意义，应该成为构建生态化教学模式的重要内容。

首先，对话和倾听是维系和谐的师生关系、追求师生人际意义的法宝。对话的原则要求教师放弃独占讲台、滔滔不绝讲授的方式，注重师生双方共同进行交流和分享，让学生享受自主学习的权利和自我选择的自由。对话的第一原则是民主平等，这一原则拒绝师生上下级式的课堂权利秩序，摒弃满堂灌的教学方式，鼓励教师主动下放和分散课堂权利资源，让学生拥有知情权、选择权、参与权和表达权，把原本教师独立的话语权让渡给全体课堂成员共享，使教师在与学生真诚沟通的过程中对学生进行整体教育。

其次，情感沟通也是师生关系的精髓，和谐共生的师生关系必然有强烈的情感共鸣。在我国古代的教育中，最打动人心的莫过于师生之间的情感，在时代迅猛发展的现代社会，作为教师的我们仍需以心换心。课如果教在课堂上，会随着教师声波的消失而销声匿迹，因此课要教在学生身上，教到学生心中，成为他们素质的一部分。

二、学习的主体——学习者

在课堂教学中，学生作为学习主体是教学活动中不可缺少的一个重要因素，没有学生就意味着没有教学。从本质上说，学生的学习是从无知无能到有知有能、从低水平到高水平的转变，最终都是由学生自身决定的。学生是学习的主体、个人发展的主体和自主教育的主体。教育、教学的效果最终作用要受到学生学习状态的影响。在教学生态模式中，学生的个体是最基本、最活跃的因素。但是在教育实践中发现，许多教学忽略了学生发挥自身的主体作用是需要培养过程的，片面地夸大学生的主体地位，甚至低估教师在培养过程中的引导作用，误认为学生自己就会发现新事物得到新知识，忽视了学生本身是一个"受教育者"，也是一个"未完成的"成长中的人，导致学生的兴趣爱好左右着教学过程。当然，如此过分夸大学生的主体地位只会使学生如没头苍蝇般乱飞乱撞而无法收到学习实效，使其成为主体也就成了一句空话。

因此，在教学生态模式中，我们要将学生的主体能动性与教师的引导相结合，找到一种平衡，这样才能在课堂上调动学生的主体意识和积极性。有学者指出，在教学过程中，学生的主体地位主要表现在以下方面：①在教师的引导下，学生依据自身发展的需要，积极地学习和吸收以教材为代表的社会历史传承的科学文化知识成果，实现主体客体化。②学生通过学习实践，将教材中社会历史传承的科学、文化知识成果以及教师的人文素养"内在化"，以充实、完善和发展学生自身，实现客体主体化，因此学生是教和学的终极目的。

英语学习者要始终保持对本土文化意义、作用、地位的深度认同。要对我国优秀本土文化传统产生应有的礼敬和自豪，对自身文化生命力量和文化发展前景有坚定执着的信念，对本土文化的内在价值具有科学的判断。因此，学生应该产生自主学习本土文化的意识，可以把传统美德、文学经典、民族工艺、传统体育、古典音乐、区域文化、民风民俗、民族科技等作为学生学习本土文化的主要内容，这些内容有利于提高学生的民族意识和文化意识，使他们具有良好的文学修养、高雅的审美情趣和高尚的道德情操，也可以通过参观博物馆、历史文化遗产、名胜古迹等，通过现场试听真切感受中华民族文化艺术的博大精深，使其重新树立对本土文化的自信心，真正从思维上重视本土文化的学习，这样才能彻底改变本土文化失语的尴尬境地。

三、教学资源——语言

（一）语言知识与语言技能

英语语言学习中的语言技能包括听、说、读、写。这也是我们传统的英语教学一直强调的重点，后来增加了"译"这一技能，但并没有从本质上改变语言技能的基本内涵，只是建立在前四者基本技能之上的技能延伸。即使把五项技能变成四项技能，仍离不开"译"的参与。"语言知识"的内涵则是语音、词汇和句式及文章的知识。概括起来，学习英语的语言技能是"learn the language"，学习语言知识，就是"learn about the language"。语言技能在一定程度上是语言知识的基础，没有技能的提高，就无法对知识进行拓展，虽然这种提法与传统的教学方法是背离的，而且很多英语工作者都对此持反对的态度，在课堂教学中也没有进行贯彻和执行。实际上，语言知识是积累语言技能的基石，掌握知识又是进行技能积累的前提条件，对技能的运用也可以提高知识储备。所以，语言知识和技能是互相依存并互相促进的关系，两者的有机结合能提高英语语言教学的效率。

（二）语言与文化

语言与文化密不可分，语言是文化的一部分，并对文化起着重要作用。有些社会学家认为，语言是文化的基石——没有语言，就没有文化；另外，语言又受文化的影响，而且能反映文化。可以说，语言反映一个民族的特征，它不仅包含该民族的历史和文化背景，而且蕴藏着该民族对人生的看法、生活方式和思维方式。语言和文化互相影响、互相作用；理解语言必须了解文化，理解文化必须了解语言。文化是形形色色的，语言也是多种多样的。学习一种语言就是了解一种文化，外语教学就是传播一种文化。由于文化和语言上的差别，互相了解不是一件容易的事，不同文化间的交流常常遇到困难。文化背景不同、不同语言的人在交谈时常常发生下列情况：由于文化上的不同，即使语言准确无误，也会产生误会。对于不同的人，同一个词或同一种表达方式可以具有不同的意义。由于文化上的差异，谈一个严肃的问题时，由于一句话说得不得体，可以使听者发笑，甚至捧腹大笑；一句毫无恶意的话可以使听者不快或气愤；由于文化上的差异，在国外演讲的人经常发现听众对他讲的某个笑话毫无反应，然而在国内，同一个笑话会使听众笑得前仰后合。

英美文化传统与中国文化传统都具有自身鲜明的个性，因此在英语教学过程中要贯穿文化，文化教学中需要渗透语言，不同的语言如同不同的镜子，反映着各民族的文化。以英美文化与本土文化中的"帽子"一词为例。在英国，不论男女，都认为帽子是一样重要的服饰，在什么场合戴什么样的帽子都非常讲究。一般来说，在街上遇到熟人要行脱帽礼，因此在英语里可以找到很多与帽子有关的固定短语，如"hat in hand"（手持帽子），表示"恭恭敬敬"；"take one hat to（someone）"（对某人脱掉帽子），表示敬仰某人。也有些短语是代表不太好的意思，如"badhat"（坏帽子），表示坏家伙，"as black as hat"（像帽子一样黑），表示这个人又黑又坏。在中国文化中，帽子的历史也非常悠久，如成语"衣冠楚楚""冠冕堂皇"中"冠"和"冕"都是指帽子，如"皇冠"可以被翻译成"emperor's court hat decorated with gold dragons."（金龙装饰的尊贵能够凸显出皇帝专用）。

因此，人类语言自产生开始就与文化密不可分。想要培养学生的跨文化交际能力，就要先从跨文化上做文章，既然是"跨"就要先熟悉本土文化，这样才能去学习其他国家文化与本土文化的差别，才能提高学生的"跨"文化交际能力，以及本土文化的输出能力。因此我们应该采用语言与文化相融合、以本土文化为主的多元分化文化教学。

四、教学场域——环境

语言学习环境指的是本来客观存在的或者专门为语言学习者提供乃至创设的有利于语言学习者学习语言的教学场域。对于学习语言的人来说，学习环境有着极为重要的作用，它能够帮助学习者很快地进入学习的状态，找到学习语言的切入点，在语言的环境中很容易集中精神，发挥思维的创造力，挖掘学习的潜力，丰富自己的学习经验，提高学习感知体会。适当的学习环境能够加速学习者的学习进度，相反，一个单调乏味的语言学习环境，很容易给语言学习者带来精神负担，使其不愿意继续学习甚至于不愿再开口说话。无数事实证明了这一说法的正确性。其中典型的是曾经有一个孩童在幼时被狼群收养，远离了自己的家乡和语言环境，最后只会发出狼嚎。可见，语言学习环境对语言的进步有着重要的作用。克拉姆则从社会文化理论视角指出，英语语言教学应以学生社会文化差异和学习者个体差异为核心，外语学习要以跨文化交际为最终目的。我国学者曾葡初从宏观、中观和微观三个层面把英语语言教学环境分为外部环境和内部环境。学生学习英语的心理因素是学习的首要条件，这是内在环境。学生学习英语时受到的外在约束作用就是外部因素。学者陶明天将英语教学的性质、教育政策和教师素质及课时设置、班级、教学设备等外在因素都归结为英语教学环境。构建完善的英语教学生态模式要从三个方面进行：一是社会文化生态环境，二是课堂生态环境，三是英语教学语言生态环境。

（一）社会文化生态环境与英语教学

当今社会，学生的语言学习环境相较于过去有了很大的改善，无论是国际的大环境还是社会、家庭的小环境，甚至国家营造的政治、经济和文化及教育等环境都更加便利了。社会环境起到一种引导的作用，能够直接左右英语教学的发展方向。如今，全球经济逐渐互相融合，中国加入世界贸易组织，并积极建设与"一带一路"经济合作伙伴关系，打造政治互信、经济融合、文化包容的利益共同体。各个国家之间的联系更加紧密，无论是国家间的政治经济往来，还是民间的旅游和文化交流活动，都有了大幅增长，世界成了一个真正的地球村，由此催生了一大批外语人才。外语人才的培养已经成为众多国家达成的共识，不仅在本国的社会生活中需要使用外语，与外国人交流合作更需要外语的参与。为此，很多人加入了学习外语的群体，这里的外语主要指世界通用语言——英语。英语语言教学与我国的相关教育机构越来越受到国家和社会的重视。为了适应社会的发展进步，英语教材也面临着一次又一次的改革，教学设备也有了新的变化，客观学习条件的改善使得学校愿意增加英语教学的投入，从而带动英语教学的进步。

（二）课堂生态环境与英语教学

我国英语教学学校的课堂生态环境是学生接触和操练语言的主要场域。班级内部的小环境与英语教学也有着密切的关系，能够对学生学习效果起到重要的作用，大多数的国内英语课堂都是在班级内完成的，课堂的教学任务和教学目标也都是在教师的引导下进行的。所以，课堂的教学生态环境能够在很大程度上决定学生学习英语的效果和教学目标的完成情况。素质教育改革对教师提出了更高的要求，不仅要求其使用任务引导课堂教学进度，更要求其在课堂教学中强调团队合作的精神，全英语化教学培养学生的听力和理解力。通常情况下，要使用全英语的教学课堂，学生必须使用同一母语，但是学生英语水平的参差不齐也给教师授课带来了很大的困难。语言专家提倡在外语教学中部分地应用自己的母语，能够帮助学生参透学习任务和学习目的，要想真正提高英语的交流能力还要学会控制母语的使用。教师要想尽可能地在教学中用英语交流，就要给学生更多地进行语言交流的场所，在这样的课堂中，学生能一直处于英语语言的包围中，不自觉地产生代入感，也能完成学习任务英语课堂的这种氛围的营造在很大程度上能使学生接触更多的英语口语，从听到说，在轻松愉快的学习氛围中习得更多的英语知识。同时，学生在课堂学习过程中能够体验到互动带来的乐趣，产生自主学习的动力，能够培养起善于使用英语进行交流的课堂风气，能够真正成为教学活动的主体。

在教学中增加英语的使用频率还有另外一个重要的好处，使用英语的沟通能将学生和英语及学习环境这三大要素连接成为一个不可分割的整体，学生作为学习的主导，英语是学习的对象，在课堂上使用英语就是教学沟通的媒介。可以这样说，英语既是媒介也是学习的任务，师生借助于英语这一工具，形成了基础教学的语言氛围，用英语代替了学英语，课堂教学的内容和实质之间有了联系，从而提高了教学的目的性，正好印证了用语言本身学习语言，在日常的沟通过程中对原有的语言内容和语言系统进行重新整合，成功地掌握了新的语言。

（三）我国英语教学语言生态环境的拓展

市场的需要刺激了英语学习的全民化，各种考试随处可见，材料也是随手可得。众多的学习者不断备考、应试，而真正的英语学习往往在这种高强度的训练过程中消磨殆尽。人们在学习中感受不到学习的乐趣，浪费了很多时间，收效甚微。面对这样的结果，部分学习者失去了信心。据笔者调查，国内一部分学生把大学生活一半以上的学习时间花在了英语学习上，但依然是英语"聋哑人"，培养了一些"高分低能"甚至"低分低能"的英语学习者。

摆脱目前我国英语教学"高投入、低产出"的尴尬境地的出路之一应该是构建和谐的教学语言生态环境，即鼓励学习者在"自然与真实"的语言环境中，充分利用现代化英语学习资源和条件，提高语言运用能力，将语言与社会文化融为一体。语言学习离不开环境，语言环境的缺乏，严重影响着语言的输入量，并制约着英语学习活动和学习效果。本研究认为我国英语学习者可以通过观看英文电视节目或原版影片、阅读英语原版书刊、利用网络畅游英语世界等多种方式营造英语学习环境，丰富英语知识，提高自主学习英语的能力，弥补我国英语语言教学环境的缺陷。

　　首先，观看英文电视节目或原版影片。如今，欧美国家的电影已经遍布世界各个角落，语言学习者能够很便利地观看英语的原声影视作品，在电影的世界中，完全是模拟了一个真实学习英语的环境。文化借助于语言不断外向传播，在欧美的原版影视作品中，学习者可以边学习英文发音，边看英文字幕，既能达到练习英语的目的，也能锻炼口语发音，同时，在语言的学习中又能感受到语言和文化之间的互动。在《老友记》以及《绝望主妇》等系列电影中，充满了生活中十分常见的英语词汇和句子，它借助于角色的英语对话，使学习者能感受到英语文化的魅力，学习者在观看电影这样一个轻松愉快的环境中，既能放松神经，又能达到学习英语知识的目的。再者，长期观看英语影视作品能大幅增强英语的听力水平。影视作品传达了强烈的视觉刺激，伴随着视觉，听觉也变得相当清晰，在词汇量达到一定程度后，学习基本的英文发音，锻炼基本的听力，通过广播和影视作品、旁听讲座等多种方式的共同作用，能比较直接地锻炼听力。听力的练习也是一个比较复杂的过程，学习者要经常模仿影视作品的发音和声调，对新出现的词汇要注意积累，注意正式场合和非正式场合的用词，关注口语和书面语的区别，注意文化对语言的影响。

　　其次，阅读英语原版书刊。只有大量阅读，才能积累丰富的词汇量，即众多的语言输入。学习者借助于阅读积累大量的词汇，开阔学习视野，了解更多的英文常识，是提高智力水平的需要。例如，阅读《时代》周刊之类的英文报纸，以及《红与黑》《培根散文集》《飘》《世界上最优美的散文》《呼啸山庄》等英文书籍，可以增加学习者的语言输入量，也可以使读者开阔视野，学习目的语国家的文化常识。阅读正宗的英文各类报纸杂志和文辞丰富的英文文章，不仅可以使读者感受到英语语言与中文的不同，更能使读者积累大量的词汇，增加英语学习的整体知识储备，填补我国社区语言环境缺失带来的难题，构建新型的学习环境。

最后，利用网络畅游英语世界。互联网技术的发展为英语学习提供了便利的手段和丰富的学习内容。网络带来了现代社会生活的彻底变革，在家英语学习者中可以了解到世界各地的变化，借助于网络，还可以了解到发达资本主义国家在政治、经济和文化、科技交流方面的最新资讯，欣赏到欧美的流行音乐，倾听到优美的英语演讲。在网络上下载丰富的图片和影视作品，可以提高学习者的积极性、求知欲，为英语学习带来便利。

今天的中国以更加开放的心态、更加自信的步伐融入世界经济的大潮，以贸易大国的英姿屹立于世界经济舞台。中国的教育界也不断受到外来文化的冲击。大量外教的涌入直接冲击着国内英语教育，外国留学生的数量也在不断增加，很多大中城市都成了外国人青睐的目标居住地。如何正确看待外国人进入中国对英语学习的作用？怎样建立和外国人之间的联系？比较值得借鉴的情况是，学会模仿，即在与外国人进行沟通的过程中，首先要做的就是观察他们对语言、词汇的使用方法，同样的词汇在不同的语境中使用的声调也是不同的，如各种俚语或是有着英美特色的小故事，从小处着眼，学习效果也能事半功倍，在条件允许的情况下，可以和外国友人吃饭、看电影等，在日常生活的不经意间往往能学到更多、更实用的知识，了解到不同国家的文化特色。

五、各要素之间的关系

英语教学生态模式的核心是学习者，因为学习者主导了这一学习行为，在这一系统中，学习者和教师、语言及语言的环境都产生了一定的联系，这种联系都是围绕着学习者的活动展开的，教师的授课对学习者的学习起到最直接的引导作用，学生的学习反过来影响到教师的授课，而环境会对学生产生间接的影响，好的环境有利于学习，坏的环境不利于学习。学生借助于环境的作用，可以提高自己学习英语的效率和学习效果。学生和语言之间的关系类似于目标和对象的关系，实际上，他们都是教学生态模式中的重要因素，学生积极地学习语言知识，语言知识搭载着文化对学生产生积极的影响，教师借助于语言向学生传授知识和技能，而语言的传授方式和量的大小也需要教师合理控制，这才能取得良好的教学效果，两者是互动的关系。在整个英语教学的生态系统中每一个因素都是不可缺少的部分，它们互相之间影响与被影响的关系充分地反映了英语语言学习的形成是互动的过程，教师和外在环境这两大因素是学生学习的最主要的外在条件，只有充分利用好，才能提高学习效果。

当然，实际的英语教学生态模式中的各项因素不只有这四个，英语教材的选择、多媒体技术的使用和可以到国外深造等因素都对英语学习产生了重要的影响。本章的研究旨在构建合理的大学英语教学生态系统，分析四种要素之间的互相关系和对学习的作用，没有对其他因素进行详述，但并不能因此否认其他因素的作用。在实际的英语教学过程中，关注各类因素的作用，总结先进的教学经验，对于构建科学合理的生态模式有着积极的建设性作用。

基于此，本章提出构建大学英语教学生态模式，提高学生的文化输出能力的基本方案。首先，教师要有文化平等意识和扎实的本土文化基础，要在教学中渗透本土文化知识，以此提高学生的民族自尊心和自豪感，使学生明白本土文化与目的语文化之间是相互依赖的关系。其次，教师要开发现有教材，增加中西文化对比的文章，可以在文章中选取词汇、语法、习语等进行文化对比学习，在具体实施过程中，教师要多注意本土文化与西方文化的区别点，通过对比进行文化渗透。

这类教学内容最大的特点就是在课堂中自然地融入本土文化与西方文化的

对比教学，不需要另外增加课时，既提高了学生的学习兴趣，又增强了学生的文化内涵和修养，潜移默化地提高了其本土文化输出能力。既然增加了文化对比学习，就要在学习的过程中增加这方面的练习题，教师可以在课文讲解中留下课内讨论题及课外思考题，如在讲到传统节日时可以让学生分组讨论中国传统节日中的庆祝方式及其准确的英文表达，也可以让小组查找资料后以分组竞赛形式用PPT（幻灯片）现场讲解，分阶段给出不同的竞赛内容和需要达到的知识目标，这样既能够增强学生的进取心，也能够在提高文化知识表达的基础上锻炼学生的胆识和表现力。

最后优化评估，为教学生态模式服务。学生学习本土文化实际上是对自己的思想、成长、性格、修养、生活方式等多方面有着深远影响的。因此在关注其语言知识及技能的基础上，教师应注重评价方式的多元性和多样性。不能单靠期末考试的几张卷子来做最后定论，应该在笔试和口试中增加相应的文化内容，并延伸到学生平时的学习、讨论、竞赛中，采用自评、互评、问卷等多种形式，尽可能使评估真正地作用于教学。

事实上，英语教学长久以来的"费时低效"和文化失语，反映出了当前我国英语教学的生态危机的现状。从培养具有文化输出能力的英语人才方面来看，将生态价值观引入英语教学中具有重大的意义，这样不仅能将教师、学生、生态环境、英语教学等有机结合成一个整体，还能发挥每一个生态要素的关键性作用，促进英语语言教学的稳定发展，培养新一代具有本土文化输出能力的学习者。为了更好地提高英语教学的质量，我国必须健全英语教学生态模式，也就是说在英语教学的过程中，将传统守旧的英语教学方法、教学目标、教学内容转变为追求和谐、平等、自由的教学新模式；追求教师与学生、语言与环境、本土文化与目的语文化的平衡，促进英语教学的可持续发展。基于生态价值观环境下的英语教学，有利于降低应试教育对师生甚至学校的不良冲击，构建完善的英语教学育人体系。同时，生态英语教学观还能调整我国的英语教学生态系统，鼓励发展多样化的教学专业结构，打破英语教学举步维艰的窘境。

基于"英语教学生态模式"的英语教学立足于我国本土文化语言生态氛围中，对于以汉语为母语的英语学习者有着重要的作用。在这一模式下，以汉语为母语的英语学习者可以英语语言知识为载体，在英语教师的指导下，逐步地理解和接受本土文化与西方文化的差异，从而形成符合母语使用者的英语语言概念体系，并提高用英语表达本土文化的能力，增强自己的本土文化自信心和自豪感，从而自觉主动地学习本土文化。所以，这种教学模式更加注重学生和谐全面的语言发展和互动交往的英语教学语境，事实上，外语教学系统一直与国家或地区经济发展水平、语言文化、教学氛围、师生关系等多方面有着密切的联系。从语言教学来看，语言与文化二者有一定的不可控制性，所以，语言教学的开展，应结合地区的文化传统与经济发展水平，这样才能有针对性地利用这些因素，制定合理的英语语言教学对策。我国在更加深入地贯彻英语教学生态模式时可以考虑这两个方面：一方面，从生态环境入手，增加教师自身的语言素养和本土文化知识，完善教学方法，转变传统的教学角色，从学生的教学需求与接受能力出发。另一方面，使扮演主体地位的学生，必须在自我主体归属感的基础上，结合自身的生活环境、学习环境寻找符合自身生态学习的学习系统。一般来说，基于生态语言教学模式的教学环境包含多个方面的环境，主要有社会语言学习环境、课堂教学环境、学生心理环境。本章研究的目的在于摒弃传统保守的语言教学陋习，将英语教学、语言环境、社会文化等有机结合，形成合理、和谐、全面的英语教学生态模式，并且，英语教学生态模式还应该结合西方发达国家的外语教学特征，在中学为体的基础上，发挥西学的精华优势，在保证学生学习英语语言知识之外，还鼓励学生培养生态语言意识，这样就能打造教师、环境、学生与英语多层次全面的教学系统，这样才能提高学生的多元文化意识，拓宽学生的语言视野，增强学生的跨文化交际沟通能力，使学生全面发展，最终不断地促使学生变成一个独立完整的人。

综上所述，大学英语教学生态模式的构建为和谐生态教学、学生的全面发展以及教师的专业素质提高提供了更好的出路，并致力于解决现阶段的"文化失语"问题，为提高学生的本土文化输出能力做出了应有的贡献。

第六章　高校英语教学文化内涵的重塑

文化是人类社会特有的现象，是人类在历史长河中所创造的物质文明与精神文明的总和。由于受到地理环境、社会因素、思维习惯、价值观念等因素的影响，英汉文化具有较大的差异。需要特别说明的是，语言在很大程度上会受到文化的影响，很多英语理解方面的障碍都源于文化差异，因此在高校英语教学中积极推进文化内涵的重塑具有十分重要的意义。

第一节　开展文化教学，拓展教学内容

经济全球化的格局使得世界上的许多国家在政治、教育、文化、制度等方面有了更多的交流和沟通。不同国家有着不同的文化，不同国家的人的交流势必带来不同文化的碰撞与融合。因此，提升学生的英语应用能力和交际能力成了当代高校英语教学的重要目标，开展文化教学是一个十分有效的途径。

一、高校英语文化教学的现状

就目前的情况来看，高校英语文化教学已取得了可喜的成绩，但其中存在的问题也是不容忽视的。下面就从学生、教师、教学环境三个层面来分析。

（一）学生现状

受传统英语教学模式的影响，我国学生在教学过程中形成了依赖教师的现象，在学习中缺乏主动性和积极性。主动意识薄弱的现象影响了我国英语文化教学的顺利开展。

同时，对于英语的学习很多学生认为只要学好基本的语言知识，能够通过国家等级考试就可以了，因此对文化学习重视不足。在这种意识的影响下，学生会在心理上轻视文化教学，甚至认为这是一种浪费教学时间的行为。针对这种情况，教师应该多向学生讲解文化教学的重要性，使学生树立文化学习意识，真正提高自身的英语应用能力。

（二）教师现状

教师是我国英语教学的中坚力量。学生英语水平的高低在很大程度上取决于教师的教学效果。因此，在英语文化教学中，教师也扮演着重要的角色，但是，在我国的英语文化教学中，出现了教师偏离教学的现象，很多教师注重对语言基本知识的讲解，却忽视了文化方面的教学。

虽然教师在教学过程中会偶尔涉及文化因素，但这种涉及明显缺乏整体规划和系统性，缺乏连贯性和深度。这种现象的出现主要是由于教师对英语文化教学不够重视，同时教师英语文化教学素质较低，无法进行系统的英语文化教学工作。具体来说，教师出现这种现状主要是以下两个方面引起的：

首先，很多英语教师本身接受的就是传统的语言知识和技能教育，缺乏足够的文化知识和文化意识，这样的教师对文化教学的认识存在着缺陷。同时，部分教师在英语文化教学中很难做到系统、条理，致使学生学得迷迷糊糊，一知半解。这样显然无法提高学生的文化学习意识和跨文化交际能力。

其次，我国高校教师的教学任务繁重，没有很多的时间和精力进行英语教学研究。繁忙的教学活动直接影响了教师的专业学习和教学研究。自身掌握的文化知识有限，所以没有更多的知识可以教授给学生。

对于上述问题，一方面，教师要与时俱进，掌握相关的文化知识。另一方面，教师要鼓励学生在课余时间多掌握相关的文化知识，包括语言文化知识、非语言文化知识、观念文化、制度文化等。

（三）教学环境现状

纵观我国英语教材中的文章，以说明性和科技性文章为主，涉及英语国家的思维方式、伦理价值的文章相对较少。这种教材的设置不利于培养学生的文化思维。

英语教材是教师教学的重要指导材料，对于教学方向、教学重点都有重要作用。我国英语教材中文化因素的缺失给我国的英语教学敲响了警钟。

在这种状况下，学生在课堂上接触不到英美国家的文化，难以了解它们的生活习惯、社会风俗、价值观念、思维特征等。因此，这种教学形式不利于学生跨文化交际能力的提高，对英语语言的应用也有着不利的影响。

二、开展文化教学的意义

就当今世界来说，各种文化思潮此起彼伏，因此开展文化教学不仅能有效地拓展教学内容，还具有多重积极意义。

（一）体验文化的多元性

不同的文化在不断的发展过程中，总会产生不可替代的理由。因此，各文化群体间应该多层面地进行文化合作与文化交融，对不同族群的文化予以尊重和理解，尽可能地采用最有效的手段避免不同文化间产生矛盾和冲突，实现国家与国家之间、种族与种族之间的平等合作和交往。

在高校英语教学中开展文化教学能够培养学生对待不同文化的态度，通过不断地对比，让学生深刻地了解两种文化的差异性，从而能够以开放的心态对待两种文化。

（二）培养批判性思维

多元文化的兴起引发了人们对一元文化的批评和思考。在很多专家学者看来，一元课程主要是从主流文化来说的，甚至教科书的内容也是根据主流文化来制定的，但是，一元文化课程将重心置于优势群体的文化传统上，却忽视了劣势群体的需求，这很容易产生强者对弱者的压迫。因此，通过高校英语教学中的文化教学，学生的批判性思维能力能够得到有效的培养和发展。

（三）培养跨文化交际适应能力

学生在对两种文化进行了解和接触的过程中，不可避免地会出现两种文化的冲击和碰撞，并且会产生一定的不适。因此，大力推进高校英语教学中的文化教学能够为学生创造更多的学习异质文化的机会，从而不断提升和培养学生的跨文化适应能力。

第二节　高校英语文化教学的原则与方法

为了充分发挥高校英语文化教学的意义，教师在具体的教学实践中应遵循一定的原则，并采取一定的方法。

一、高校英语文化教学的原则

（一）认知原则

文化教学中的认知原则，一方面指关于英语文化和社会的知识，另一方面指可能会进一步涉及观察力、识别力等某些能力的培养。

英语中有很多词汇、语句、习语、典故等源于神话、文学作品、文学故事等。

如果学生对这些词汇、语句或典故所蕴含的文化不了解、不熟悉，那么就难以理解这些语言所表达的内涵。

在高校英语文化教学中，教师应该注意培养学生发现、分析、总结目标文化的能力，并据此掌握西方文化在价值观、生活习俗等方面的特点以及中西方文化的区别。为此，教师可以鼓励学生收集相关资料、撰写相关论文。

（二）循序渐进原则

文化知识有着自己的科学体系，因此教师应遵循循序渐进的原则，合理地给学生安排不同阶段的学习内容，以使教学内容符合学生的认知特点和发展规律，使学生由简到繁、由浅入深地掌握文化知识。具体来讲，在文化教学的初始阶段，教师以讲授日常生活的主流文化为主；在中间阶段，可以教授文化差异带来的词语的内涵差异及其运用差异；在最后阶段，可以渗透一些文化差异导致的思维方式、心理方式及语言表达差异，使学生深层次地了解英语文化。

（三）理论与实践相结合原则

任何知识的习得都要经历理论与实践相结合的过程。将知识学习与实践相结合既符合知识学习的规律，又符合文化教学的要求。基于此，在英语文化教学过程中，教师向学生传授文化知识只是教学过程的第一步，同时教师要设法创造机会，使学生能够在真实或模拟的情境中运用所学知识，从而进一步加深他们对所学知识的理解，提高他们运用所学知识的能力。

知识掌握的最终目的是运用，不会运用就不能算作真正的掌握。在英语文化教学过程中，如果教师只是向学习者传授文化知识，而不给他们提供练习或运用所学知识的机会，他们还是难以获得正确运用文化知识进行实际交际的能力。就像语言形式教学不能培养学习者的语言运用能力一样，单纯的文化知识教学也不能培养学习者的社会语言能力。因此，在高校英语文化教学过程中，教师一定要让学生将学到的知识用于实践之中，在实践中巩固知识、加深对英语文化的深刻理解。

（四）以理解为目标的原则

文化知识导入的目的是培养学习者的文化意识，这是文化教学的第一步。文化意识是文化理解的基础，是指学习者对不同文化差异的敏感性。文化理解则是学习者以客观、正确的态度看待、理解母语文化和目的语文化，并能以得体的行为方式与非本族语者进行跨文化交际。文化理解是国家间交往的重要桥梁，没有对自身及他国文化的正确理解，就很难实现跨文化交际。没有对母语文化和目的语文化的正确理解，学习者就无法获得跨文化交际的能力。

因此，英语文化教学应当坚持以理解为目标的原则。在进行文化教学时，教师不要过于强调行为的简单模仿，而要通过对目的语文化的分析和解释等手段使学生认识到目的语文化与本族文化的异同以及异同的渊源和生成原因。

此外，在对教学进行评价时，教师要注重学生对目的语文化的共情能力（empathy），而不应强调他们对非本族文化的排斥或接受情况。例如，在讲授美国人对老年人的态度时，不要以中国人的标准去衡量美国人的行为。在美国，"老"意味着精力衰退，生存能力降低，是非常可怕的一个词。所以，美国人都害怕说老，避免说老，老年人常被称作"senior citizens"。对待老年人的不同态度与中美文化中深层的价值观、世界观以及不同的社会现实等因素有关。因此，教师在教授这一文化现象时，不能简单地判定对错，而应该从一种文化现象的渊源上了解其生成的原因，从而理解其存在的理由。了解和研究现象产生的文化渊源，可以帮助学生更好地学习文化知识。

（五）以学生为中心原则

在高校英语文化教学中，教师应以培养学生的自主学习能力为中心，以学生为主体，引导学生感受和领悟语言与文化，进行文化体验，促使学生进行知识与意义的内在建构。具体来说，教学的设计和活动的安排要考虑到各种因素对学生的影响，不仅考虑英语语言知识学习，还要注重学生对本族语和本族文化的理解与体验、对目的语文化的态度、学生个人的综合素质等。英语文化教学的内容与目标相较于传统的高校英语教学扩大了数倍，但教学时间并没有随之增加，因此为了实现教学目标，培养学生的文化意识和跨文化交际能力，教师需要在以学生为中心的前提下培养学生的自主学习能力。

二、高校英语文化教学的方法

（一）对比教学法

中国和西方由于不同的历史积淀，形成了不同的文化和社会习俗等。教师在进行文化教学时，可以将母语文化和英语文化进行对比讲解，从而提高学生对母语文化和外语文化差异性的敏感度。

学生对目的语文化了解得更透彻，就更有利于避免交际中的误解和障碍，这样能够促进学生增强跨文化交际的能力。例如，中国人在路上相遇时，常常会用"去哪儿？"这种提问来打招呼，而英美人却认为这种问候方式是干涉私生活的表现，所以他们常常会以"How are you?"等打招呼。

教师还可以引导学生对中国和英美等国的消费观念、消费方式进行讨论，中国人倾向于将货款一次性付清，而英美人倾向于提前消费，如分期付款、抵押贷款等。这样学生可以透过文化现象了解英美国家人的价值观念和思维方式。

（二）互动教学法

英语文化教学中的互动教学法涉及两个方面：一是全体师生通过讨论导入文化，二是学生通过表演导入文化。

1. 讨论

教师通过与学生进行讨论，可以使学生在文化讨论的过程中感知外来文化。例如，教师和学生可以以某一文化现象为题展开讨论，学生在讨论的过程中可以感知教师对文化的不同看法，然后进行自我判断，可以采用的方法有文化专题研究、文化疑惑解析、文化冲突化解等。这种方式主要用于培养学生的文化态度，让学生在平等的、开放的、交流式的讨论中自觉地形成开放、平等、尊重、宽容、客观、谨慎的文化态度。当然，营造这样的讨论氛围离不开教师的努力。教师应在讨论的过程中引导学生保持良好的文化态度，并将这种态度融入整个教学活动，只有这样，才能真正有助于学生形成相应的文化态度。

2. 表演

教师可以通过让学生表演短小的情景剧对学生进行文化的导入，每个微型剧包括 3~5 幕，每一幕都有 1~2 个反映文化冲突的典型事例。学生通过参与情景剧，会体验一些文化困惑，从而寻找导致文化障碍的根本原因。

（三）背景讲解法

在进行语言教学时，对学习材料中的相关文化背景知识，教师要做一些说明介绍，其目的是帮助学生更好地理解所学材料。这是课堂教学常见的一种方法。通常情况下，教材所选的课文都有特定的文化背景，有的是作者背景，有的是内容背景，有的是时代背景。如果学生对这些背景知识忽略不计，就难以准确地理解所学材料。

1. 听说教学中的背景讲解

教师根据单元的主题，可以加强这方面的文化引导。教师可以让学生先进行对话表演，从中能够听出他们已经了解了哪些文化知识，还有哪些部分需要介绍，再通过操练加强印象。每个国家都有丰富的节日文化，了解各国节日的来历、习俗等也有助于了解各个国家的文化。教师可以采用任务教学法，预先要求学生小组合作查明节日的来历、习俗等，然后在课堂上陈述或表演出来。

2. 阅读教学中的背景讲解

在英语课的阅读教学中，学生阅读一般的英语文章难度不大，但是对英语文章理解得并不透彻。因此，教师除了要讲授英语基本知识，还应该引导学生学习与课文相关的背景知识。

3. 写作教学中的背景讲解

不同的文化造就了不同语言运用者迥异的思维方式。在应用英语表达自己的思想时，母语文化思维方式、价值观、语言修辞等影响着中国学生的英语写作。由于中西方思维方式和表达习惯的巨大差异，两种语言在遣词造句、谋篇布局上均有着不同的表现。中国螺旋形思维产生的结果就是，不会直接切入主题，而是反复讲一个问题，最后再总结。西方的思维方式是比较偏向于直线型的，在英语段落结构上一般遵从从总到分、从概括到举例、从一般到具体、从整体到个体的方式。西方人撰写的论文往往在文章开头就已经表明了作者的态度，而且文章总是会有一个固定的中心论点，文章中的细节都是按照该中心展开论述的。"螺旋式"的中文表达方式往往使得以英语为母语的读者迷惑不解，甚至认为中国学生英语表达拖沓、主题不明确。因此，教师应该加强锻炼学生的英语写作思维。

（四）影视欣赏法

影视作品涉及社会生活的方方面面，包含大量的文化信息，是进行文化教学的有利工具。教师可以在课前备课时查找与英美文化知识相关的电视剧和电影，然后在课上通过多媒体放映出来。通过多媒体放映影片，原本无声无形的文化知识可以以声像并茂的形式出现在学生眼前，让他们对英美文化知识的了解不再仅仅局限于课本的文字和图片上，而是有更加深入的了解。

这不仅为可以学生提供多种不同的文化背景知识，还可以吸引学生的注意力，以及进一步提高学生学习英语的兴趣。在欣赏影片的过程中，学生可以身临其境，感受大量的有声与无声、有形与无形的社会文化知识。正如一句西谚："一幅图画胜过千言万语。"电影就是这样一种让我们轻松愉悦地学习西方社会文化的手段。以社会变迁和发展为主题的纪录电影，其直观的画面与所要教授的文化内容——呼应，使得学生获得更直观的体验和感受，这比从书本上学的知识更难忘。

第三节 中国文化的失语及重塑

前面对高校英语教学中文化教学的重要性进行了阐述。值得注意的是，语言的学习不仅应该包括对目的语文化的了解，也要求语言学习者能够使用目的语对本族文化进行输出。这种双重的语言文化教学是时代发展对英语人才的要求。很长时间以来，无论是外语教学者还是研究者，都对母语以及母语文化在教学中的作用缺乏认识，从而忽视了母语以及母语文化对教学的作用，最终出现了中国文化的失语现象。

一、中国文化的失语

（一）中国文化失语的内涵

"中国文化失语"现象是由南京高校的从丛教授提出的。2000 年 10 月 19 日她在《光明日报》上发表了《"中国文化失语"：我国英语教学的缺陷》，首次使用了"中国文化失语"的概念。在这篇文章中，他的观点主要可以总结为以下三个方面：

（1）"中国文化失语征"是我国基础英语教学的一大缺陷，并呼吁"把中国文化的英语表达教育贯穿到各层次英语教学之中"，借此"系统引入和加强中国文化教育"，这既是成功开展跨文化交流的需要，也是全球化大趋势下文化互补与融合的时代需求。

（2）"由于以往英语教学西方文化含量的缺乏，导致了我们在国际交往中的多层面交流障碍（主要是理解障碍），那么在英语教学中中国文化内容几乎近于空白的状况，对于国际交流的负面影响更为严重。"

（3）"……交际行为都是'双向'的"。"跨文化交流绝不能仅局限于对交流对象的'理解'方面，而且还有与交际对象的'文化共享'和交际对象的'文化影响'方面，在某些情况下，后两者对于成功交际则更为重要"。[①]

随后，很多学者开始对如何进行中国的跨文化教育进行研究。例如，孙玲玲与莫海文在《对大学英语文化教学的再思考》中谈到了文化教学中主体文化的缺失；曾郁林与蒋三三在《从香港语言教学经验看英语跨文化教学缺陷》一文中以香港语言教学为起点，从建构主义的角度对英语跨文化教学进行了分析研究。笔者认为，在跨文化的学习中，只有理解了本民族的文化，才能对异域文化有更好的认识与理解；只有洞察异域文化，才能对本民族文化有一个更加深入的理解。

（二）中国文化失语的现状与影响

1.中国文化失语的现状

高校英语教学的目的是促进语言的沟通，使学习者具备使用语言表达的能力，但是，很多中国英语学习者无法使用英语表达中国常见的文化事物，从而

---

① 从丛：《"中国文化失语"：我国英语教学的缺陷》，《光明日报》2000年10月19日。

形成了中国文化失语现象。从长远看，这种文化知识储备的欠缺，会影响日后语言的交际与文化的沟通。大体上说，在高校英语教学中，中国文化失语现象主要表现在以下两个方面：

（1）母语文化英语表达的失语

中国文化缺失的一大表现是不能使用英语解释母语文化。很多英语学习者在不了解本国文化的基础上，不能使用英语正确地表达汉语文化。这种现象除了体现了学习者母语文化不足外，还表现了学习者英语基础知识掌握不牢固。

很多学习者对中国文化中常见的表达不知道其对应的英语形式。当在交际中被问及太极八卦、四书五经、重阳节、清明节等的表达时，很多学习者的大脑会一片空白，不知道如何解释。在翻译过程中，母语文化英语表达的失语十分常见。汉语表达十分灵活，在具体语言运用中，会出现很多新造词，如"精神文明""挥金如土""胡子工程""一刀切"，这种符合我国实际的表达但很难在英语中找到完全对应的表达形式，这也在一定程度上加深了中国文化失语的现象。

（2）母语文化知识的失语

母语文化知识的失语从本质上反映了学习者对本国文化的无知。

以中国的民俗文化为例。所谓民俗文化，是指产生于民间并代代相传的文化事项。民俗文化是一个意义很广的概念，人们在生产、生活中形成的一切文化现象都属于民俗文化的范畴，主要涉及物质民俗文化、精神民俗文化、社会民俗文化等。民俗文化具有内生性、民族性、朴素性等特征，像血液一样滋养着本族人民，具有广泛的、基础的影响力，因又被称为"母亲文化"，是一国民族归属感与凝聚力的综合体现。民俗文化与人们的生活息息相关，是一种十分常见的文化现象，但是在进行文化沟通与交流的过程中，很多人对民俗文化不甚了解，更不要谈介绍中国文化了。

2. 中国文化失语的影响

从阶段性的角度看，虽然高校英语教学中学习地道的英语表达与西方文化是不容置疑的，但从长远看，英语学习缺乏本族文化的根基，必然影响学习者日后的跨文化交际行为。下面对高校英语教学中中国文化失语现象的影响进行分析。

（1）不利于英语学习的长远发展

语言与文化相辅相成，语言的学习必然需要以文化背景为依托。语言和文化学习有相通性，成功的高校英语学习者必然有着深厚的本族文化功底。因此，高校英语教学中的中国文化失语现象是英语学习长远发展的障碍，与英语教学目标背道而驰。

（2）影响我国文化软实力的提高

当今社会，随着文化交流活动数量的增多，其中的对话和对抗也相应地发展。在知识就是力量等口号的带动下，知识就是财富也成了 21 世纪炙手可热的重要标语。从本质上说，文化活动是为了促进双方的交流，从而获取一定的经济利益。在这种形势下，英语人才具备传播本国优秀文化的能力成了提高我国文化实力的重要保证。

在世界文化多元性发展的今天，跨文化交际促进了中外文化间的衔接与沟通，不同的文化如何在激烈的竞争中保留自身特色并与其他文化和谐共处成了摆在高校英语教学工作者面前的重要难题。这一问题解决的关键是能否巧妙地将自己的文化移植到目的语文化中，从而促进多元文化的发展。

中华民族要实现伟大的民族复兴，除了提高自身的经济、政治、外交、国防实力，也要在文化软实力上有所提升。因此，解决中国文化失语现象，提高英语人才的文化宣传能力成了提高我国高校英语教育水平、培养实用型英语人才的重要保证。

从对当今社会的文化影响的分析可以看出，英美文化对我国文化的影响较大。因此，现如今如何摆脱语言的束缚，对语言与文化之间的关系进行研究，成为高校英语教学工作者的重要任务。

外国学者在经济、政治、意识形态的作用下，难以对我国优秀的民族文化进行全新的研究与认知。中国文化失语现象更是加重了我国文化对外传播，降低了汉语文化传播的深度与范围。因此，高校英语教学的目标应该是培养学习者合理接受与顺应英美文化，并在多元文化对话的背景下平等进行本国文化的输出。

新的社会形势与国际形势要求我们在文化自觉的前提下，改善高校英语教学中中国文化的失语现象，弘扬我国优秀文化。中华民族带有中华文化的烙印，失去了中华文化就等于丢失了自我。在多元文化共生与共融的时代背景下，高校英语教学工作者要对本民族文化进行重视，从而推动我国文化软实力的发展。

（三）中国文化失语的原因

在高校英语教学中，中国文化失语现象产生的原因主要包括以下四个方面：

1. 中西文化空缺

跨文化交流是具有不同文化背景的交际者进行文化碰撞与融合的过程，其中某些语言并不一定能够在对方的语言中找到对应的表达方式。因此，中西文化空缺是中国文化失语产生的重要原因。

1950 年，美国著名的语言学家霍凯特通过对比不同语言的语法模式，提出了"偶然的缺口"这一概念。这标志着空缺现象的首次出现。之后，更多的学者开始关注"空缺"这一现象。

1980年，"空缺"理论正式形成，它是由苏联著名学者索罗金提出的，并且索罗金等人也研究和探讨了不同民族的话语及民族文化的个性特征。

不同民族的文化间存在着明显的不对应性，又可以称之为"文化差异性"，因此使整个世界呈现了不同的文化图景。正是这种空缺的现象导致了不同文化在相互比较和撞击中被人们不断感知，这就是"文化空缺现象"，而文化空缺现象的存在又在一定程度上导致了中国文化失语现象的产生。

只有明确了文化空缺的产生因素，才能更好地解释文化空缺现象，进而才能加深对中国文化失语现象的了解。

（1）生活环境的不同

不同的生活环境也是产生文化空缺现象的一个原因。由于汉文化从远古社会到资本主义社会，再到社会主义社会一直坚持以农业为本，注重农业生产和农田水利建设，因此语言的发展也与农业有着莫大的渊源。汉语中也形成了许多与农业相关的成语。

英语国家大多濒临海洋，其形成的语言也都与海洋有关。因此，这些带有浓烈地域色彩的汉语词汇是很难在欧美国家找到对应的词汇。

（2）民俗习惯的不同

民俗习惯可以简称为"民俗"，是文化最直接的反映，是一个国家或民族长期积累下来的物质文化与精神文化。正是由于不同国家和民族的历史发展不同，其民俗习惯也存在明显的差异。这也是造成文化空缺的重要原因。

（3）社会历史变迁的影响

不同民族随着其自身的历史背景不断发展，各个时代的历史人物与事件词汇都承载着丰富的民族个性，因此这也导致了文化空缺的现象。

总之，文化空缺是中国文化失语现象的重要影响因素，应该引起相关研究者的重视。

2. 文化自卑与文化霸权

文化失语现象的产生还和一定的历史条件相关。西方强势的文化会凌驾于弱势文化之上，而这种文化的霸权性也体现在了跨文化交际的过程中。众多英语学习者过分推崇西方文化，对本民族文化不自信，因此在英语学习过程中也会潜意识地吸收外来文化，忽视本国文化。文化的自卑性与文化霸权成了如今中国文化失语现象产生的重要原因。

文化是一个国家实力的重要标志，也就是我们常说的"文化软实力"。近代西方国家，在其强大的经济、政治、军事霸权的带动下，取得了世界文化中的话语权，大肆宣扬自己的民族文化与意识形态。意识形态体现出了一个民族的思维定式和价值取向，因此在与西方进行沟通与融合的过程中，这种意识形态极大地影响着我国。很多人对西方文化极度推崇，对民族文化进行过度的批评。如此说来，本土文化的失语与缺失也就成了必然结果。

3. 汉语文化输出不足

跨文化交际意识的培养是英语教学的重要目的之一，但是在长期的英语教学中，教学者过分关注跨文化交际中英语文化对汉语文化的输入，却忽视了汉语文化的输出作用。因此，汉语文化输出不足，忽视汉语文化在交际中的作用也是产生中国文化失语现象的重要因素。

跨文化交是双向乃至多向的文化交流活动，其是建立在交际者了解目的语文化的基础之上，同时在交际过程中也能体现出本民族的文化特点。成功的跨文化交际活动是在交际者地位平等的基础之上进行的文化吸收与交流。交流不仅需要交际者了解对方的文化，也需要适当表达自身文化。

在现在的高校英语教学中，很多学习者在跨文化交际的过程中缺乏表现本族文化的自信心，只顾顺应目的语文化，意识不到跨文化交际的多向性，这必然会引起中国文化的失语现象。

需要提及的是，在英语教学中，很多教学者过分夸大了母语文化对英语教学的负迁移作用，忽视了在跨文化交际中母语文化的正迁移效应。这也导致了高校英语教学中单向英语文化教学盛行，汉语文化输出不足。

4. 单向英语文化教学

单向英语文化教学是指在英语教学中，很多教师为了使学习者更好地理解和运用英语，十分强调英语语言文化。因此，教师在教学中十分注重对学习者英语思维的培养，学习者在这样的教学环境下，总是试图遵守英美国家的语言语用规则，忽视了本土文化在跨文化交际中的重要影响。

为了达到更好的教学效果，很多地方的英语教学只从模仿的角度出发，进行脱离中国社会现实的英语教育。这种教学方式主要体现在以下三个方面：

（1）在具体的教学中，很多教师只顾讲解课本中的文化知识，很少有教师有全局意识和长远意识，能够在英语教学过程中加入汉语文化教学，致使虽然学习者学到了地道的英语，但是没有在汉语文化中使用的环境。

（2）完全引入英美原版教材。如今，为了提高英语学习者语言的地道性，很多学校开始引进英美原版教材，这种做法虽然在一定程度上能够提高学习者的语言使用能力，但是，在真实的跨文化交际过程中，尤其是发生在中国的文化交流中，很多学习者会由于不了解汉语文化对应的地道英文表达而出现文化失语的现象，这在一定程度上与英语教学的目标背道而驰。

（3）教学目标中过分强调目标语文化的导入。对中国众多英语教学目标进行分析，我们可以发现几乎所有的教学大纲中都提及了目标语文化的导入。这种单方面的导入不仅忽视了中国文化在交际中的影响作用，也忽略了跨文化交际中，中国文化导出的意义。

综上所述，单向的英语文化教学是产生高校英语教学中文化失语现象的最直接原因。这种厚此薄彼的教学方式是阻碍日后交际顺利进行的重要障碍。

二、中国文化失语的应对策略

跨文化交际不是单向的英语文化交流，而是多向的文化融合。随着中国在国际上的影响力日益扩大，中国文化重新成了世界关注的热点。在这样的国际、国内形势下，英语教学要顺应时代发展的要求，做出相应的调整。在高校英语教学中，改善中国文化失语现象的根本的途径就是在教学中加强本土文化的渗透。

英语教学中加强中国文化不仅有其理论意义，还带有很重要的现实意义。在进行中国文化导入的过程中，英语教学必须在科学的教学原则指导下，认识到中西方文化的差异。文化之间的对比既有助于加深学习者对英语知识的认识，也有助于深化其本土文化意识。除此之外，对不同文化的了解还能减少甚至避免跨文化交际中的语用失误。

本土文化的导入要注意系统性。不同的民族文化都带有系统性和整体性，在教学中教师应该了解到不同民族文化的核心。

科学的本土文化导入应该在整体英语教学的框架中展开，切莫本末倒置，影响了英语教学的重点。同时需要注意的是，高校英语教学为了改善中国文化失语现象而进行的本土文化渗透是为英语教学服务的，英语语言是主要方面，本土文化教学是辅助，二者在根本上是为了提高高校学生的英语语言水平。

大体上说，中国文化失语现象可以从以下四个方面着手：

（一）科学展开教学工作

教学工作的展开是上述教学思想的实施，是改善高校英语教学中中国文化失语现象的直接过程。

1. 充分利用课外时间为学生提供了解中国文化的机会

由于课堂时间有限，教师可以充分利用课外时间，通过多种形式增加学生对中国文化了解的机会。其中涉及的中国文化内容十分广泛，如中国历史、风景名胜、饮食文化、名人传记、民族风情、哲学思想、中华医药等方面。其出发点和落脚点就是弥补高校英语教材的中国文化空缺，提高学生在对外交流中弘扬民族文化的意识和能力。教师可以利用影片，以专题介绍的方式让学生了解中国文化。

2. 课堂教学中适当补充中国文化知识

在英语文化教学中，教师可以根据具体教学情况适当补充一些中国文化知识，使学生在学习英语知识的同时，了解本民族灿烂的文化，提高自身素质。

教师合理地利用这类题材的文化背景知识，让学生在较为容易掌握英语知识的同时，了解中国文化,这也有利于增强学生的自豪感,增强学生的民族精神。同时，这种文化导入教学，还能使学生了解本国优秀民族文化的英语表达方式，能够扩充学生跨文化交际中的语料。

（二）提高英语教师本土文化素质

教师是高校英语教学的指导者，对学生英语学习能力的提高有着直接的影响。教师的教学是我国学生获取英语知识的重要途径，因此解决高校英语教学中的中国文化失语现象必然也需要从教师入手。

传统英语教学认为，英语教学是为了向学习者传授英语基础知识，使学习者掌握地道的目的语使用规则，并顺利帮助学习者通过英语考试，但是，在社会发展的影响下，英语教学的目的更加实用，培养符合社会发展需求的英语人才成了英语教学的重要目标。

英语教师作为知识的传播者，其教学理念、教学水平直接影响着高校英语教学的效果。因此，为了改善高校英语教学中的中国文化失语现象，教师有必要有意识地提高自身的母语文化素质。

为了达到这一目的，教师可以通过多种渠道了解我国瑰丽的民族文化，如书籍、电视、网络等。同时，学校应该定期对英语教师进行培训，从而提升我国高校英语教师的母语文化素质。

（三）培养学生的跨文化交际意识

高校学生是进行跨文化交际的主力军，学生认识到自己在跨文化交际中的地位，并有意识地培养自己的跨文化交际意识，能够在很大程度上减少中国文化失语现象。

跨文化交流并不是迎合目的语文化进行的单向交流。中国需要增强自己的文化软实力，这既是时代发展的要求，也是弘扬民族文化的需要。为了提高学习者的跨文化交际意识，教师可以采用以下两种方法：

（1）教师应该引导学生树立民族文化自豪感。文化之间只有区别，没有优劣，因此跨文化交际不仅能够更好地了解不同交际者的文化，也能够展现母语文化特点。平等的交际能赢得交际者的尊重。

（2）培养学习者正确的文化价值观，使学生认识到跨文化交际是一种独立、平等的交际。

（四）设计带有本国文化的教材

为了提高我国英语教学的地道性，很多学校都引进了英语原版教材。这些教材中很少会涉及或者几乎没有涉及中国文化的内容，因此直接导致了中国文化失语现象。同时，在教学过程中，关于中国文化的英文课外读物也不多。在这种教材的影响下，学习者的中国文化交流能力十分低下。

鉴于此，相关部门应该系统地组织编写含有中国文化的英文教材，同时进行中西文化的比较教学，以此来加深学生对中西文化的了解程度，发掘自身对中国文化的认同感，增强向外传播母语文化的意识。

我国对外交流的目标是"让世界了解中国，让中国走向世界"。因此，英语教材编写也应该在介绍不同英语国家文化的基础上增添带有我国特色的文章，增强教材的实用性。中国文化失语现象在学生中的表现是学生难以用英语表述出我国社会生活的现状。因此，在教材的编写过程中，教师应该增加中国文化的英文表达方式。

参考文献

[1] 胡靓 . 基于文化主体意识的大学英语课程思政教学路径设计 [J]. 安徽电子信息职业技术学院学报 ,2023,22(4):38–41.

[2] 苏海丽 . 课程思政视域下大学英语中华文化自信的融入与实现路径探究 [J]. 中国军转民 ,2023(22):151–153.

[3] 唐良玉 , 蒋苏琴 . 中国古典诗词与大学英语教学融合的路径 [J]. 湖南科技学院学报 ,2023(5):117–120.

[4] 周小潘 . 中华优秀文化融入大学英语教学混合式模式探究 [J]. 湖北开放职业学院学报 ,2023,36(21):167–168.

[5] 潘春静 .PBL 模式下中国文化元素融入大学英语听说课程的教学策略 [J]. 海外英语 ,2023(21):148–150.

[6] 张龙 . 中华传统文化在大学英语翻译教学中的应用——以茶文化为例 [J]. 福建茶叶 ,2023,45(11):123–125.

[7] 周珍 , 邓蕴祺 . 中华传统饮食文化融入大学英语教学的现状调查研究 [J]. 南昌师范学院学报 ,2023,44(5):135–140.

[8] 邬庆儿 . 中华优秀传统文化融入大学英语教学智能资源建设研究 [J]. 广州广播电视大学学报 ,2023,23(5):21–27.

[9] 张晶晶 , 温红霞 . 中华优秀传统文化融入应用型本科大学英语教学的实

践研究 [J]. 吕梁学院学报 ,2023,13(5):65-69.

[10] 仇卫平 . 中华文化融入大学英语教材研究 [J]. 天津电大学报 ,2023,27(3):6-10,17.

[11] 姚瑶 , 刘寒雨 . 中国儒家文化融入大学英语教学的实践路径研究 [J]. 海外英语 ,2023(18):145-148.

[12] 刘红霞 , 徐宗钰 , 王莉丽 . 中国话语建构视域下大学英语的双向交际能力培养 [J]. 北京化工大学学报 (社会科学版),2023(3):109-115.

[13] 袁慧玲 . 一流中医药大学建设与大学英语课程思政教学改革研究 [J]. 中医药管理杂志 ,2023,31(17):7-10.

[14] 王鉴 , 宋燕 . 我国大学英语教材价值观问题研究 [J]. 东北师大学报 (哲学社会科学版),2023(5):10-18.

[15] 郭盈 , 李佳莲 . 文化自信视域下大学英语教育信息素养实证研究——以北京地区两所高校学生为例 [J]. 情报科学 ,2023,41(9):183-190.

[16] 何玉红 . 信息化时代课程思政建设对大学英语教师专业发展的影响 [J]. 科教文汇 ,2023(16):23-26.

[17] 金琳 . 中华优秀传统文化融入大学英语翻译教学的路径研究 [J]. 赤峰学院学报 (哲学社会科学版),2023,44(8):90-93.

[18] 赵冬芸 . 中华优秀文化融入艺术院校大学英语教学的思考 [J]. 海外英语 ,2023(15):183-185.

[19] 邹德平 , 牛莘 . 中华优秀传统文化融入高校英语教学的热点与前沿研究——基于 Citespace 的知识图谱分析 [J]. 齐鲁师范学院学报 ,2023,38(4):24-31.

[20] 崔洪静 . 英语语言学与教学方法研究 [M]. 南昌 : 江西美术出版社 ,

2021.

[21] 高云柱 . 跨文化交际与高校英语教学融合发展研究 [M]. 北京：新华出版社，2021.

[22] 于睿 . 大学英语教材文化呈现研究 [D]. 北京：北京外国语大学 ,2021.

[23] 梁蓉蓉 . 跨文化背景下财经英语翻译及实践应用 [M]. 太原：山西经济出版社，2020.

[24] 张顺元，王寅文，刘文娟 . 英语教学与文化传播 [M]. 北京：世界图书出版公司，2020.

[25] 杨露 . "课程思政"在大学公共英语教学中的运用研究 [D]. 重庆：重庆师范大学 ,2020.

[26] 梁桂芳 . 大学英语教学中融入传统文化教育的实践探索 [J]. 河南农业 ,2020(3):23–24.

[27] 胡光 . 中国文化英语教程 [M]. 南京：南京大学出版社，2019.